図解でわかる

体幹を鍛えると「おなかが出ない」「腰痛にならない」

フィジカルトレーナー
中野ジェームズ修一 著

大和書房

図解でわかる
体幹を鍛えると
「おなかが出ない」
「腰痛にならない」

はじめに

「体幹」という言葉が日本に広まったのは、約10年前からです。「体幹を鍛える」を英語にすると「コアトレーニング」。そんな言葉を聞くと、特殊な新しいトレーニング方法が見つかったようなイメージがあるかもしれませんが、「腰椎《ようつい》を保護するための筋肉を鍛える」「おなかまわりの筋肉を鍛える」「からだ全体の安定を司る、バランスをとるための筋肉を鍛える」ということは、コアトレーニングという言葉が出てくる以前から研究されていたことです。現在、特別なトレーニングのようなイメージを持たれていることに、私自身違和感を持っています。普段、人が腰痛にならないために、おなかが出ないようにするにはどの筋肉を鍛えたらいいのかというメソッドは、体幹というキーワードの中で説明をしていたからです。ですから特殊な運動ではありません。何か残念に聞こえるかもしれませんが、それだけオーソドックスなことなのです。

ただし、体幹トレーニングは、とても繊細で奥が深いもので、普段スポーツをしている方がパフォーマンスを上げるためには、おなかまわりの筋肉を鍛えるだけでは不十分で、脚、骨盤、脊柱《せきちゅう》起立筋《きりつきん》といった部位を安定させることが重要です。また、高齢者の方がからだを安定させようと思ったときに、筋肉があっても脳の機能が低下し

てしまうと、からだはグラグラして転倒してしまいます。ですから、さまざまなレベルの人に合わせて本を書くとなると、そのボリュームは膨大になってしまいます。

本書では、腰痛とおなかが出ているという悩みにしぼってトレーニングを紹介しました。腰痛は、腹横筋《ふくおうきん》だけを鍛えればよくなるわけではありません。柔軟性の不足、精神的な影響、婦人科系の疾患など痛みの原因はさまざまです。また、おなかの内容物を減らさなければ、おなかが凹むということは起きてきません。つまり、内臓脂肪を減らすことです。減らすには、有酸素運動、下半身の筋肉量を増やして基礎代謝を上げることが必要です。また、摂取カロリーをコントロールすることも大切です。本書では、食事の大切さも説明しています。さまざまな要因があるなかで、まずはこの本で始めるというきっかけになれたらと思います。

トレーニングのバリエーションも紹介していますので、体幹トレをはじめて行うときも役に立つでしょう。本書のトレーニングが余裕でできたという方は、すでにおなかも凹んでいるでしょうし、腰痛も改善されているはずです。そのころにはもっといいからだをつくりたい、いいからだに変えていきたいと思えるはずです。ストレッチや筋トレを皆さんの日常生活に取り入れていただけたらと思います。

中野ジェームズ修一

PROLOGUE

体幹に筋肉をつけてブレないからだになろう

ここ数年、「体幹トレーニング」がブームのようになっています。たくさんのトップアスリートが日々の練習に体幹トレーニングを取り入れているという話は、一般にも広く知られるようになりました。

体幹トレーニングに関する書籍が多数出版されているのは、皆さんもご存知のとおりです。私自身、パーソナルトレーナーの仕事を始めた30年ほど前から、体幹を鍛えることの重要性を話してきましたから、多くの人が体幹トレーニングに関心を寄せている現状は、よい傾向だと思っています。

実際、体幹を鍛えることには多くのメリットがあります。たとえば、肩こりや腰痛の予防にもなりますし、転倒予防の効果もあります。また、おなかの引き締めにも、体幹の筋肉が一役買ってくれています。

体幹トレ≠腹筋運動

しかし、ブームにはつきものの弊害というのでしょうか、体幹トレーニングにはさまざまな誤解や間違いがあふれているのも事実なのです。

たとえば、体幹トレーニングをめぐる代表的な誤解の一つが、体幹トレーニング＝腹筋運動というものです。

体幹トレーニングをしているアスリートが、往々にして見事に割れた腹筋（正確には腹直《ふくちょく》筋《きん》といいます）を備えているイメージが強いせいか、多くの人がせっせと腹筋運動に励んでいる姿を目にします。

しかし、腹筋運動は、体幹トレーニングとはあまり関係がありません（詳しくはこの本の中で解説します）。

また、腹筋運動をするとぽっこりおなかが凹む、と信じている人もたくさんいるようですが、これも大きな誤解です。

「え？　おなかを凹まそうと思って、毎日腹筋運動をしていたのに……」という方には、少し残念な事実かもしれませんが、これはおなかまわりの筋肉のしくみをちょっと学べば簡単にわかることなのです。

この本では、体幹トレーニングをめぐる数々の誤解を解消し、体幹についての正しい知識をお伝えするだけでなく、具体的な体幹トレーニング法についても解説していくつもりです。

さらに、皆さんにとって関心の高い、「ぽっこりおなか」と「腰痛」の予防と解消について、体幹との関係を明らかにしながらお伝えできればと考えています。

衰えないからだを手に入れるために

私はパーソナルトレーナーとして、たくさんのクライアントの要望に応えながら、肉体改造やスポーツのパフォーマンスをアップさせる仕事に携わっています。

また、セミナーや講演などの機会を通じて、健康なからだづくりに関心を持つ方々に直接お話をする機会もあります。

皆さんに共通するのは、加齢による肉体の衰えをできる限り食い止め、若々しいからだを手に入れたいという思いではないでしょうか。

私は、普段、運動不足で体力の向上やダイエットのために何かをしなければと考えている人に向けて、２０１３年に『下半身に筋肉をつけると「太らない」「疲れない」』という本を執筆し、２０１9年には図解版を刊行しました。

私が、からだづくりをアドバイスするときに、もっとも重視しているのは下半身の筋肉をつけることです。

下半身の筋肉が重要な理由は、下半身の筋肉が衰えてくれば歩くこともできなくなり、自立した生活を送ることが難しくなってしまうからです。

幸い、下半身の重要性を訴えたこの本はたくさんの方にお読みいただくことになり、著者として大変嬉しいできごととなりました。

下半身→上半身→体幹の順に鍛える

さて、下半身に筋肉がつくようになると、上半身の筋肉についても関心を持つようになるのは当然のことです。

『下半身～』をお読みになった読者の皆さんからも、

「上半身は鍛えなくてよいのですか？」

「上半身を鍛えるにはどうすればいいのですか？」

という声をいただくようになりました。

もちろん大切なのは、下半身の筋肉だけではありません。上半身の筋肉も放置しておくと、当然衰えてきます。上半身の筋肉量が減少してくると、姿勢がだんだん崩れてきて、これにともないねこ背になったり、肩がこってきたりするなどの弊害が生まれてきます。

こうした症状を防ぐために、上半身の筋肉をどのようにトレーニングすべきか。このテーマは、シリーズの第2弾である『上半身に筋肉をつけると「肩がこらない」「ねこ背にならない」』というタイトルで、２０１４年に発表しました。

しかし、健康的なからだづくりは、これで終わりではありません。

トレーナーとして、私はまず、下半身の筋肉をつけて、次に上半身の筋肉をつけて、そのうえで体幹の筋肉をつけることをおすすめしています。

前述したように、体幹をめぐっては、多くの間違った知識が広まっています。このままでは「体幹トレーニングをしても効果が得られない」↓「体幹トレーニングは無意味だ」という解釈が、定着してしまうのではないかという心配がありました。

そこで、シリーズ第3弾である『体幹を鍛えると「おなかが出ない」「腰痛にならない」』は、シリーズの前2作を読んだ方が、体幹トレーニングにチャレンジすることを意識しながら執筆しました。

ただし、この本を手にとってくださった方の中には「体幹トレーニングについてだけ知りたい」という方も少なくないと思いますので、本書を読むだけでも、健康的なからだづくりについて十分に理解できるようにまとめました。

ぜひ参考にしていただければと思います。

中野ジェームズ修一

CONTENTS

図解でわかる
体幹の筋肉を鍛えると
「おなかが出ない」
「腰痛にならない」

PART 3 体幹トレでおなかを凹ませる①

PART 4 体幹トレでおなかを凹ませる②

PART 5 食事で体幹トレの効果を上げる

本書の使い方

インナーユニット＋アウターユニットを鍛える

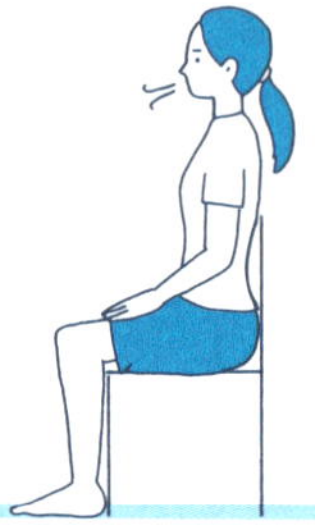

インナーユニット

腹筋群の中でも最も深層にある「腹横筋」のトレーニング。縦の筋肉「腹直筋」に頼らないよう、呼吸を意識しながらトレーニングします。

アウターユニット

縦の筋肉「腹直筋」で上体を起こす、脇の筋肉「腹斜筋群」で脇腹を締める、深層筋「腹横筋」でコルセットをつくるトレーニング。

Level1から始めて、余裕でセットをこなせるようになったら次のレベルへ進みます。

ライフスタイル

腰痛にならないためのからだの動かし方、姿勢の崩れを立て直すための立ち方、おなかを凹ませるための習慣を紹介しています。

食事

おなかを凹ませる、腰痛にならないための食事法。体幹をパワーアップ。

PART 1　体幹を鍛えて、からだをリセット

でも、体幹って
結局なんなんだろう。
マラソンと体幹、
関係ある？
私の職場の人も、
マラソンのタイムを
縮めるために
体幹トレーニング
してるっていってた
キーン
体幹は胴体部分を支える
トイレットペーパーの芯の
ようなものです

トイレットペーパー？　芯？
芯が強化されたら体勢も安定します
おなかが出ないようにしたい、腰痛に悩んでいるという人にも体幹を強化する意味があるんです
え、そうなの？
体幹の基本を学んでみましょう

からだを安定させるインナーユニット

体幹は、胴体部分を支えるトイレットペーパーの芯のようなもの。胴体に分厚い芯が備わっていると、ジャンプして着地したときにも芯が潰れないので、体勢を崩したり転んだりする心配はありません。
逆に、胴体部分の芯がふやけていたら、ジャンプして着地したときにグニャッと潰れてしまいます。当然、体勢が崩れたり転んだりする心配が生じます。

体幹を鍛えると、からだはすこぶる安定する

サッカーやフットサルに限らず、ほとんどのスポーツでは、片足立ちで不安定な動作をとることが多いですから、体幹の重要性は共通しています。

水泳のように地面に立たない運動でも、水中でバランスをとるために、やはり体幹はとても重要です。

体幹が強化されているトップ選手は、からだの中心部が安定しているので、水中でも少ない力で大きなパワーとスピードを生むことができます。一方で、体幹が弱いと水中でパワーを生み出せないのでタイムを短縮できません。以前は、パワー不足の解消に腕や足の筋力強化に重点が置かれていたのですが、腕や足に筋肉がつくと、からだが重くなり水に浮きにくくなります。結果、タイムが伸びないということになります。

体幹が安定すれば、バランスがとりやすくなりケガの予防にもつながります。また、必要以上に個別の筋トレをしなくても競技力が向上します。

ランニングやウォーキングでも体幹が安定していると、頭の位置がブレず安定します。

デスクワークで長時間椅子に座り続けているような人でも、体幹を強化する意味があります。長時間座っていると、当然、腰には負担がかかりま

す。体幹の筋肉がしっかり備わっていれば、コルセットを巻いているのと同じなので、腰がラクになります。また、体型を維持したい、これ以上おなかが出ないようにしたいという人にも体幹トレはおすすめなのです。

そもそも体幹とはどこ？

人間は進化の過程で、肋骨《ろっこつ》の数がだんだん少なくなりました。動作の自由を確保するためです。私たちが球技をしたり、ダンスをしたりするときに、からだをいろいろな方向にねじる動作ができるのは、肋骨が胸部までしかないからです。

動作の自由を確保しながら、内臓を守る大きな役割を果たすのが筋肉。肋骨と骨盤《こつばん》の間の空洞には「腹筋群」という各種の筋肉があり、内臓をすべて覆ってくれています。これらの筋肉を総称したものが、一般的に体幹＝コアユニットと呼ばれています。

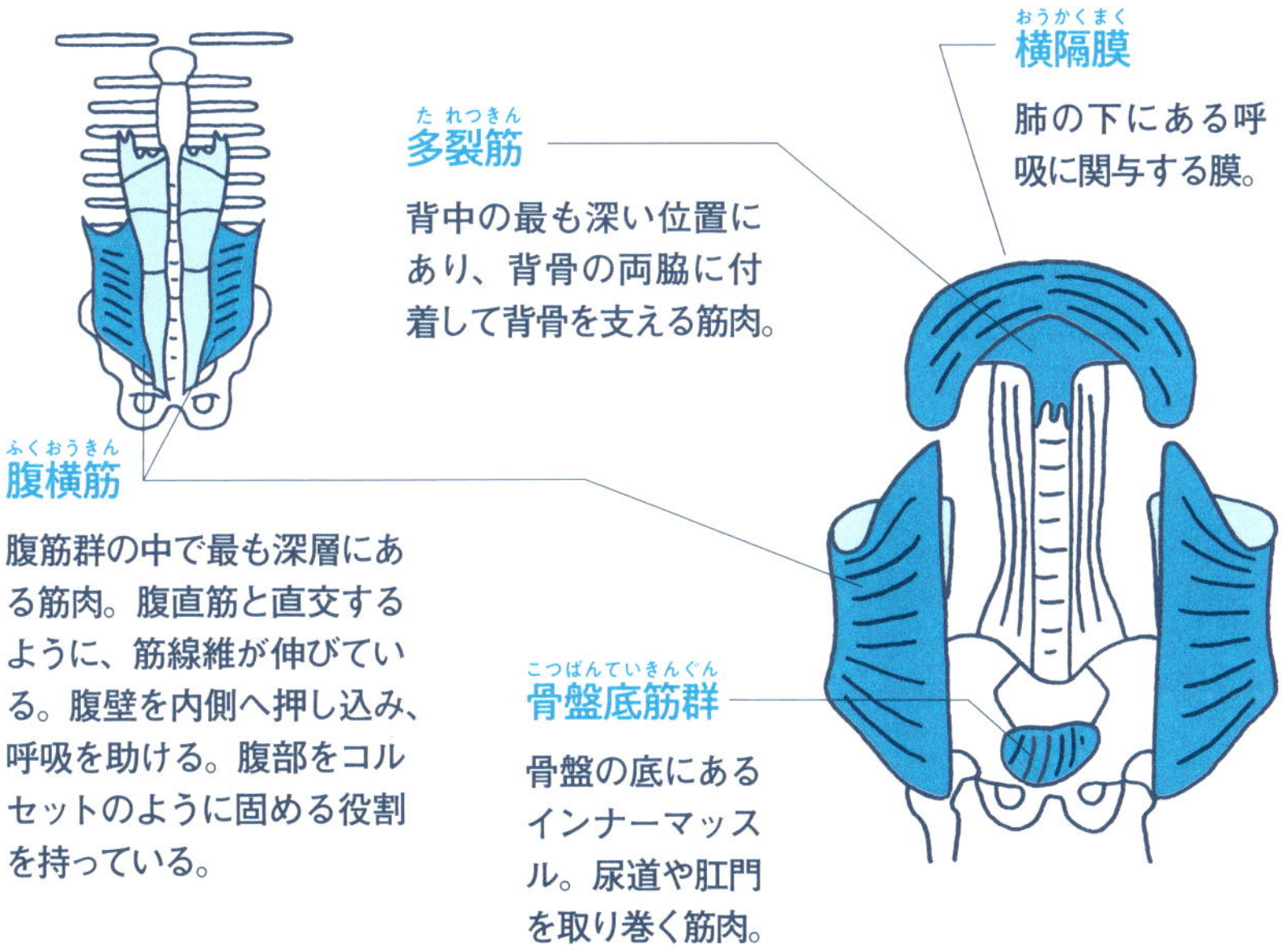
横隔膜《おうかくまく》
肺の下にある呼吸に関与する膜。
多裂筋《たれつきん》
背中の最も深い位置にあり、背骨の両脇に付着して背骨を支える筋肉。
腹横筋《ふくおうきん》
腹筋群の中で最も深層にある筋肉。腹直筋と直交するように、筋線維が伸びている。腹壁を内側へ押し込み、呼吸を助ける。腹部をコルセットのように固める役割を持っている。
骨盤底筋群《こつばんていきんぐん》
骨盤の底にあるインナーマッスル。尿道や肛門を取り巻く筋肉。

からだを安定させるアウターユニット

体幹＝コアユニットは、大きく前項の「インナーユニット」と「アウターユニット」に分けられます。アウターユニットは、腹直筋、外腹斜筋、広背筋で構成されます。インナーユニットにアウターユニットが備わって体幹ができています。

「インナー＝箱」と「アウター＝粘土」でコアユニット

前項の横隔膜、多裂筋、腹横筋、骨盤底筋群はコアユニットの中でも、インナーユニットに属しています。

インナーユニットとアウターユニットの違いは、インナーユニットは箱そのものであり、アウターユニットは箱のまわりを固めている粘土のようなものとイメージしてください。

トイレットペーパーの芯の例でいえば、インナーユニットであるトイレットペーパーの芯をもっと丈夫なものにするために、周囲を粘土（アウターユニット）で固めている状態です。

アウターユニットを構成するのは、**腹直筋《ふくちょくきん》**、**外腹斜筋《がいふくしゃきん》**、**広背筋《こうはいきん》**です。

腹直筋は、一般の人が「腹筋」と呼ぶ、肋骨と恥骨《ちこつ》を縦に結ぶ筋肉。外腹斜筋は、肋骨の上部から腸骨に伸びる筋肉です。「腹斜」という名前のとおり、おなかの両サイドを斜めに走っている筋肉です。広背筋は、上腕骨《じょうわんこつ》から腰にかけてついている大きな筋肉です。

インナーユニットにアウターユニットが備わってはじめて体幹ができています。インナーユニットは薄く小さい筋肉なので、アウターユニットが補助の役割を果たしているのです。

体幹トレはバランスをとるためのトレーニング

体幹がからだの安定を司るものだと考えるなら、体幹という概念はもっと広がりを持つと考えることもできます。

あらためて人間の全身を見てみると、骨盤と背骨をつないでいる関節にも、肋骨と背骨を支える関節にも筋肉があります。膝関節も、脛骨《けいこつ》と大腿《だいたい》骨《こつ》をつないでいる筋肉があります。そう考えると、関節のジョイントを支えている筋肉もすべて、「体幹」と呼ぶことができます。

一般的に、からだの中心部のおなか部分の筋肉だけが体幹であると考えられていますが、おなか部分の筋肉を鍛えるだけでは、本当の意味でバランスがとれているとはいえません。すべての関節の筋肉を含めた体幹のバランスをとることではじめて、からだのバランスがとれるということです。

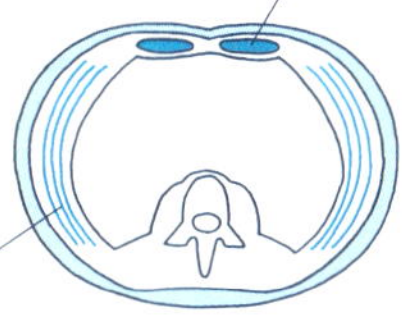

おなかを輪切りにすると…

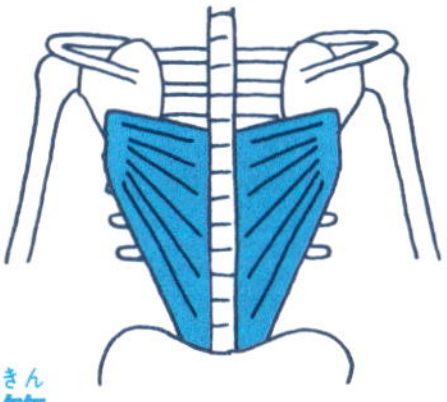

広背筋《こうはいきん》

上腕骨から腰にかけてついている三角形状の大きな板状筋であり、背部で最も面積の広い筋肉。上腕の内転、さらに上腕を内後方に引き寄せる働きをする。

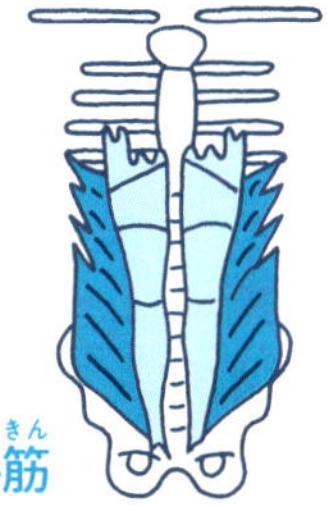

外腹斜筋《がいふくしゃきん》

肋骨上部から腸骨《ちょうこつ》に伸びる筋肉。腰椎を曲げるときに腹直筋に協力する。また、腰部が左に回旋すると右側の外腹斜筋が強く収縮し、右に回旋すると左側の外腹斜筋が強く収縮する。

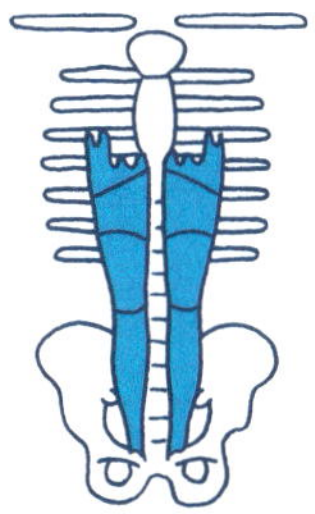

腹直筋《ふくちょくきん》

肋骨の下部から恥骨にかけて伸びる一対の筋肉。左右両側の腹直筋が働くことで腰椎が曲がり、肋骨と恥骨の距離が縮まる。左、または右のどちらかだけ働くと腰椎が左右に曲がる。

日常生活での体幹力をチェックしよう

あなたの体幹は、どのような状態にあるでしょうか。体幹が弱っている可能性をチェックする方法は、いくつかあります。たとえば、「最近腰痛がひどい」「からだのバランスがとれなくなってきた」などです。

腰痛になるというのは、コルセットの役割を担う腹横筋が弱くなっている可能性があります。また、たとえば片足立ちでバランスをとることができない、何かの動作をしていてもすぐに転倒してしまう、なども一つの判断基準になります。もちろん、脚力が衰えているためにバランスがとれないということも十分に考えられますから、一概に判断はできないのですが……。

そして、もう一つの症状に、咳やくしゃみをしたときに尿が漏れたり、おならが出たりする場合があります。

横隔膜と多裂筋、腹横筋、骨盤底筋群がセットになってコアユニットは構成されています。この骨盤底筋群の一番下にあるのが肛門です。骨盤底筋群の一種である尿道括約筋《にょうどうかつやくきん》と、外肛門括約筋《がいこうもんかつやくきん》という筋肉が尿道と肛門にそれぞれふたをしてくれているのです。

肛門がグッと締まるということは、骨盤底筋群が締まって上がっていることを意味します。

骨盤底筋群と腹横筋は、連動して動くといわれます。腹横筋が収縮したときには、骨盤底筋群も一緒に収縮します。これを「同時収縮する」といいます。具体的には、咳やくしゃみをすると、腹横筋がグッと収縮します。腹横筋が収縮すると、同時に骨盤底筋群の一番下にある肛門がグッと締まります。

無意識のうちに腹横筋と骨盤底筋群が同時に収縮するので、咳やくしゃみをしても尿が漏れたり、おならが出たりしないというわけです。しかし、インナーユニットが衰えてくると、この同時収縮ができにくく、反応や連動が悪くなります。

加齢による尿漏れには、こういう原因があったのです。

PART 2 からだをリセット＆安定
──基本の体幹トレ

そういえば、最近太った！
子どもの食べ残し、
もったいないから
全部食べてたらおなかが
出てきたんだった！

とりあえずコルセット
買ったほうがいいかな……

腰痛の予防・軽減には天然のコルセット＝体幹を鍛えるのが効果的
ビクゥッ
!?
スー
でも、おなかの脂肪が多いまま体幹を鍛えても、妊娠でおなかが出ている状態と変わらないので改善しません。
脂肪も一緒に減らしましょう。
からだ全体の筋肉量を増やして基礎代謝量を上げ、有酸素運動で脂肪を燃焼させ、食事がオーバーカロリーにならないようにすることが基本ですよ。

Introduction

〝腹凹〟には
トレーニングの順番が有効

おなかがぽっこり出ているというのは、おなかの内臓まわりに脂肪がついているということ。腹凹には、まずは内臓脂肪を減らすのが先決です。

体幹を鍛えるステップ

1. 有酸素運動
   ▼
2. 下半身の筋トレ
   ▼
3. アウターマッスル[広背筋を鍛えるラットプルなど]
   ▼
4. インナーマッスル[体幹トレ]

下半身の筋力アップから

内臓脂肪を減らすのに有効なのが、筋トレで全身の筋肉量を増やすことと、基礎代謝の高いからだをつくることです。基礎代謝とは、呼吸や体温維持、内臓の働き、細胞の再生などの新陳代謝で使われるエネルギー、つまり生きているだけで消費されるエネルギーの総計です。基礎代謝を高めておけば、有酸素運動をしたときだけでなく、日常的にもエネルギーの消費量が増えますから、太りにくくやせやすい体質に変わるというわけです。

基礎代謝を上げるには、筋肉量を増やすことにも意味があります。筋肉量を増やすには、脚やお尻の大きな筋肉を鍛えたほうが体幹を鍛えるよりも効率的です。腹筋群の筋肉は非常に小さく、膜の層のような形をしています。この腹筋群を強化しても、全身の筋肉量からすれば微増するだけで、基礎代謝にも大きな影響を与えません。ダイエットで体幹トレをするのなら、下半身のトレーニングと並行して取り組むことをおすすめします。

☑ 毎日の移動には車か電車を利用する
☑ エスカレーターやエレベーターを必ず使っている

この２つに当てはまる人は、明らかな運動不足です。

メタボリックシンドロームの一因であるぽっこりおなかを招くのは、運動不足と、日ごろの暴飲暴食です。個人差はあるものの、40歳を過ぎると、体型の維持・改善に取り組んでいる人といない人の差は、はっきりと表れるようになります。

②

1日30分を目安に運動する

A 1回5分の運動を1日の中で6回して30分

B 10分の運動を3回して30分

③

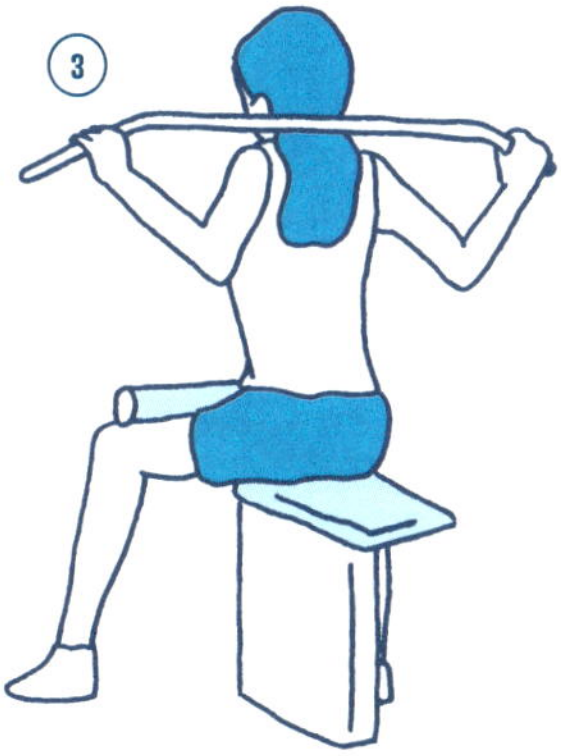

A、Bのように30分を分割してトレーニングをしてもOKです。

たとえば、朝、バスを使うのをやめて駅までの道を10分歩き、昼休みに10分ほど散歩をして、夜もひと駅手前で降りて10分歩けば、30分連続してウォーキングしたのとほとんど同じ運動効果を得ることができます。

さらに、有酸素運動にプラスして体幹を含む筋トレを並行して行うときは、筋トレをしてから有酸素運動を行うのが効果的です。筋トレをすると、成長ホルモンの分泌量が高まり、有酸素運動をしたときの体脂肪の燃焼にもつながります。

Introduction

インナーユニットを強化する Level 0～5

ドローインは腹横筋を使う

ドローインは、息を吸い込んでおなかをふくらませてから、息を吐き出しつつおなかを凹ませるトレーニングです。動作自体は単純ですが、腹横筋は動きも小さく、動かし方もデリケートです。腹横筋を使おうとすると、ほとんどの場合、腹直筋と連動して動いてしまいます。

腹横筋と腹直筋はそもそも連動しますが、腹直筋のほうに強い負荷がかかり、実質的に腹直筋のトレーニングになってしまう傾向があります。

体幹を鍛えるには、腹横筋を鍛えるほうが先決。プロのアスリートでも、腹横筋を鍛えようとするとき、腹直筋をメインに使ってしまう人が後を絶ちません。というより、むしろ腹直筋が鍛えられておなかがバリバリに割れている人ほど、優位な腹直筋に頼ってしまいがちになるので、注意して行いましょう。

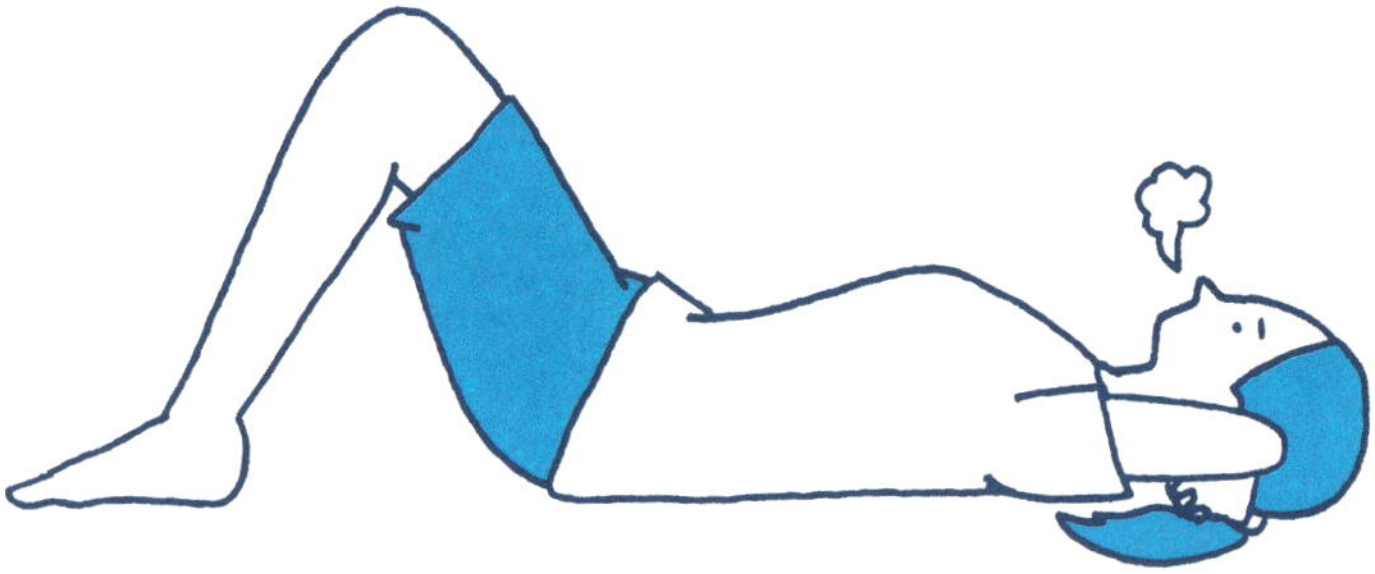

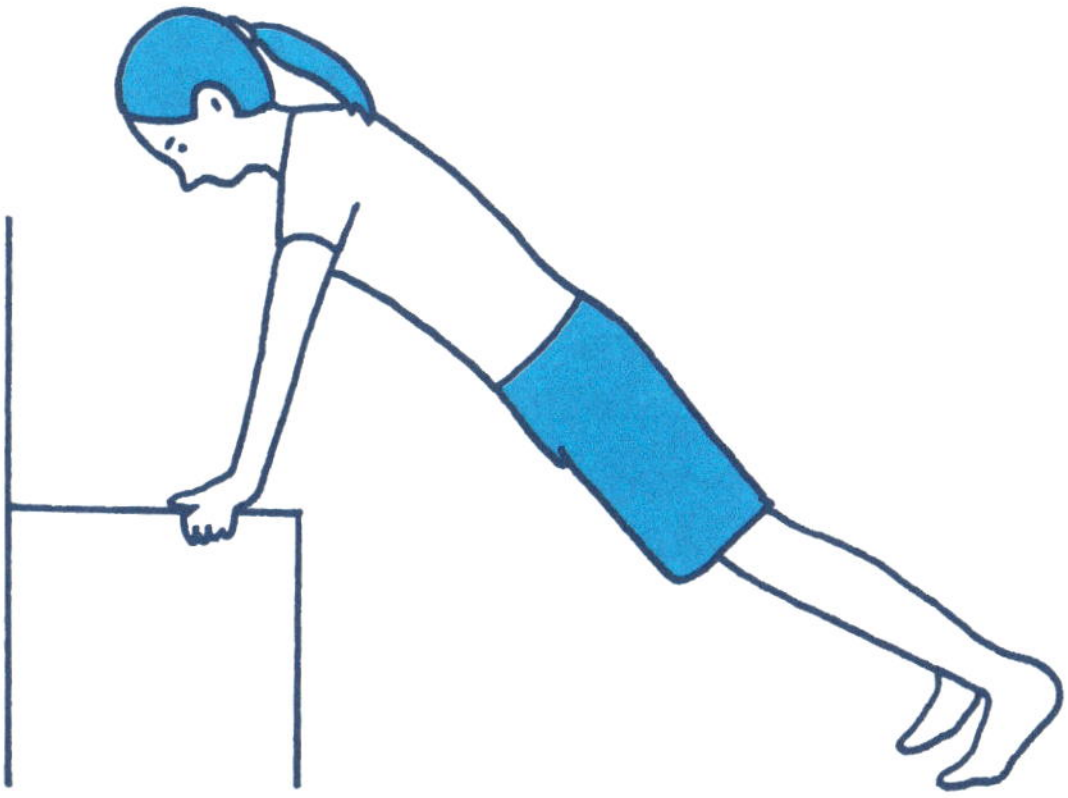

腹横筋を正しく使えているかどうかの目安

OK

トレーニングを続けて脇腹や背中が筋肉痛になったり、動作をしているときに硬くなったりする。

BAD

腹直筋がメインになっていると、おなかの前の筋肉がかなり硬くなったり、筋肉痛になったりする。

BAD

腰痛だった人が、トレーニングを行ってもまったく解消しない、あるいはもっと腰痛が悪化しているような場合は、腹直筋のトレーニングをしている可能性がある。

※本書のトレーニングは、広い意味での体幹すべての強化をフォローするものではありません。腹部の体幹部分を鍛えるためのトレーニングをご紹介します。腹部の体幹を鍛えるところから始めましょう。

Let's Start!

Level 0
ドローインの練習［座る①］

20〜30回　2~3セット

1

椅子に座った状態で、
背もたれに背中をつける。
鼻から息を吸って
おなかをふくらませる。

Start Position

椅子に
深く座る。

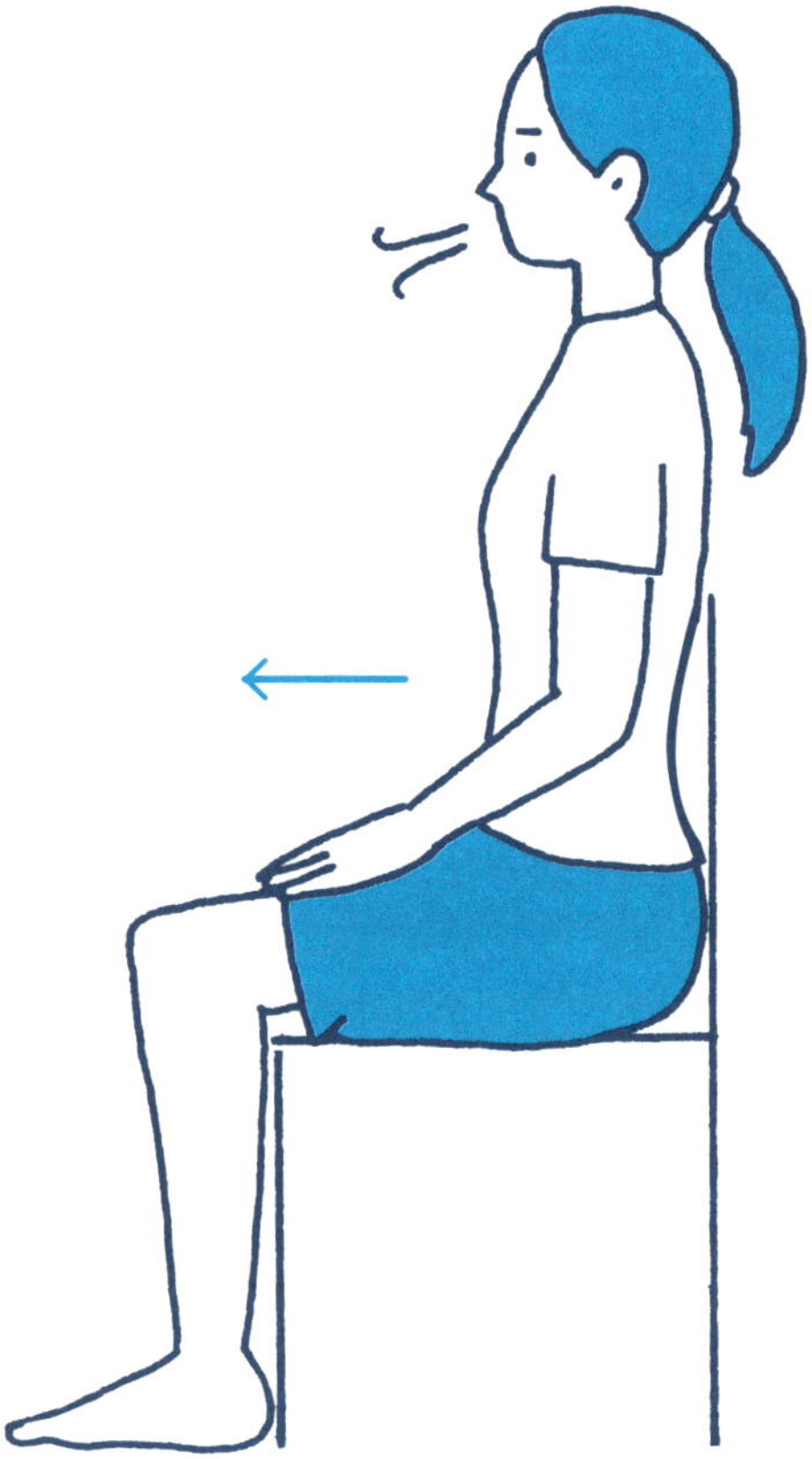

腹横筋《ふくおうきん》

腹筋群の中で最も深層にある筋肉。腹直筋と直交するように、筋線維が伸びている。腹壁を内側へ押し込み、呼吸を助ける。腹部をコルセットのように固める役割を持っている。

2

息を吐きながら、
背もたれに 1、2、3、4 秒で
腰を押しつけていく。
このとき脇腹をさわってみて、
腹横筋が動かせているかを
チェックする。

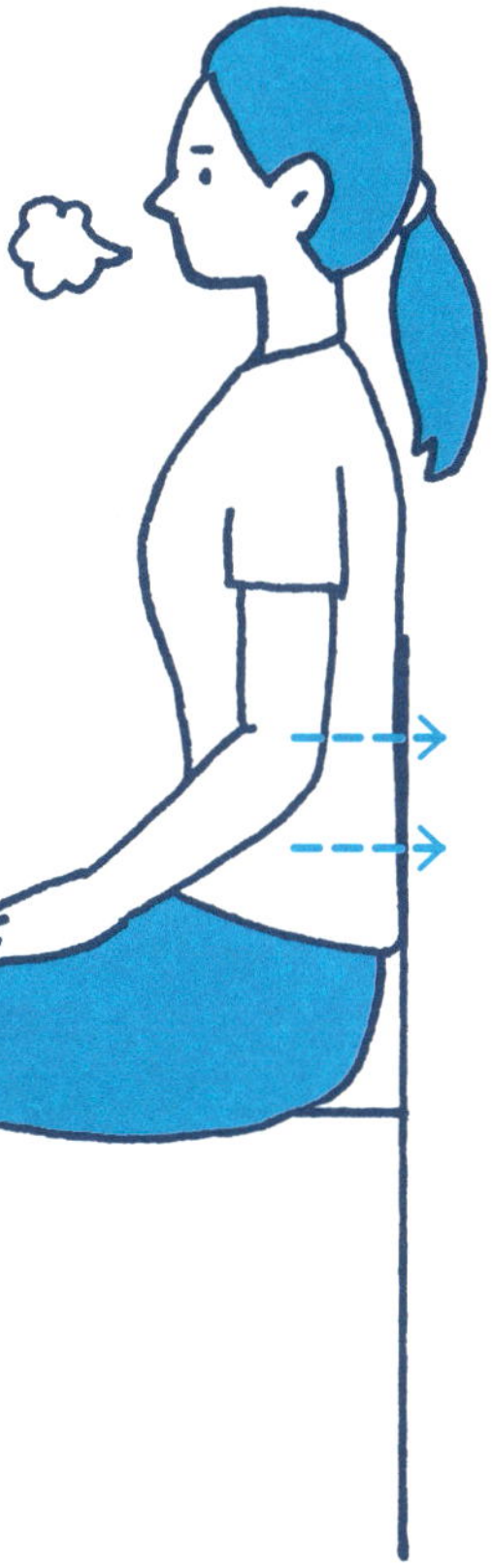

3

4 秒で❶に戻る。

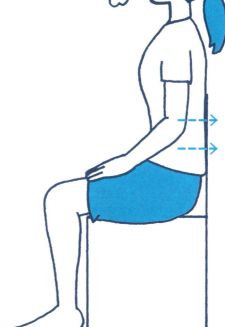

腹横筋トレ

Level 0
ドローインの練習
［座る②］

20〜30回 2〜3セット

1

椅子に座った状態で、椅子の背と腰の間にバランスボールミニ（スモールボール）を挟む。鼻から息を吸っておなかをふくらませる。

Start Position

椅子に浅く座る。

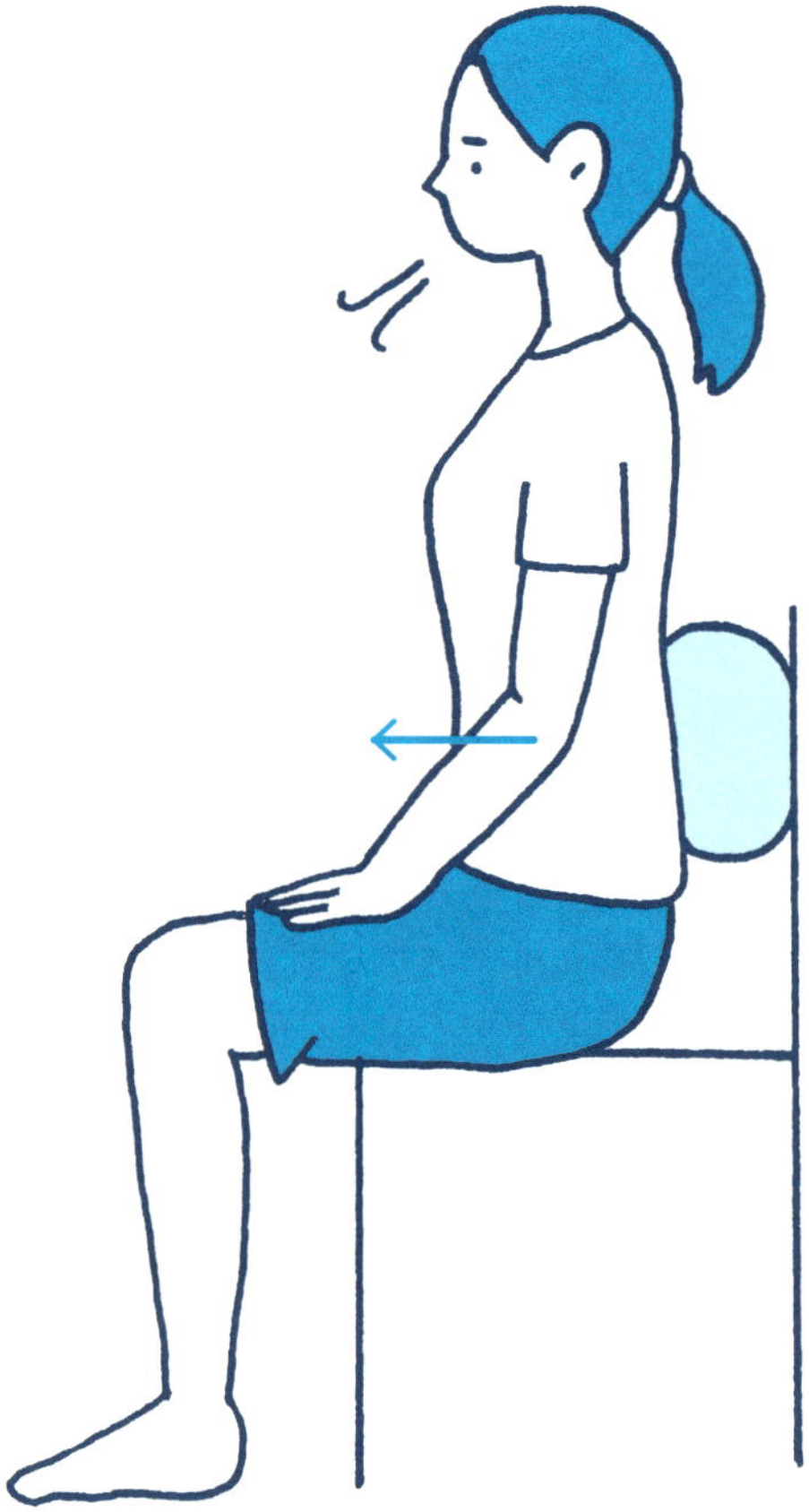

腹横筋《ふくおうきん》

腹筋群の中で最も深層にある筋肉。腹直筋と直交するように、筋線維が伸びている。腹壁を内側へ押し込み、呼吸を助ける。腹部をコルセットのように固める役割を持っている。

2

息を吐きながら、1、2、3、4 秒で
背もたれに腰を押しつけ、
ボールを押しつぶしていく。
腹直筋のみに
力が入りすぎないように、
チェックしながら行う。

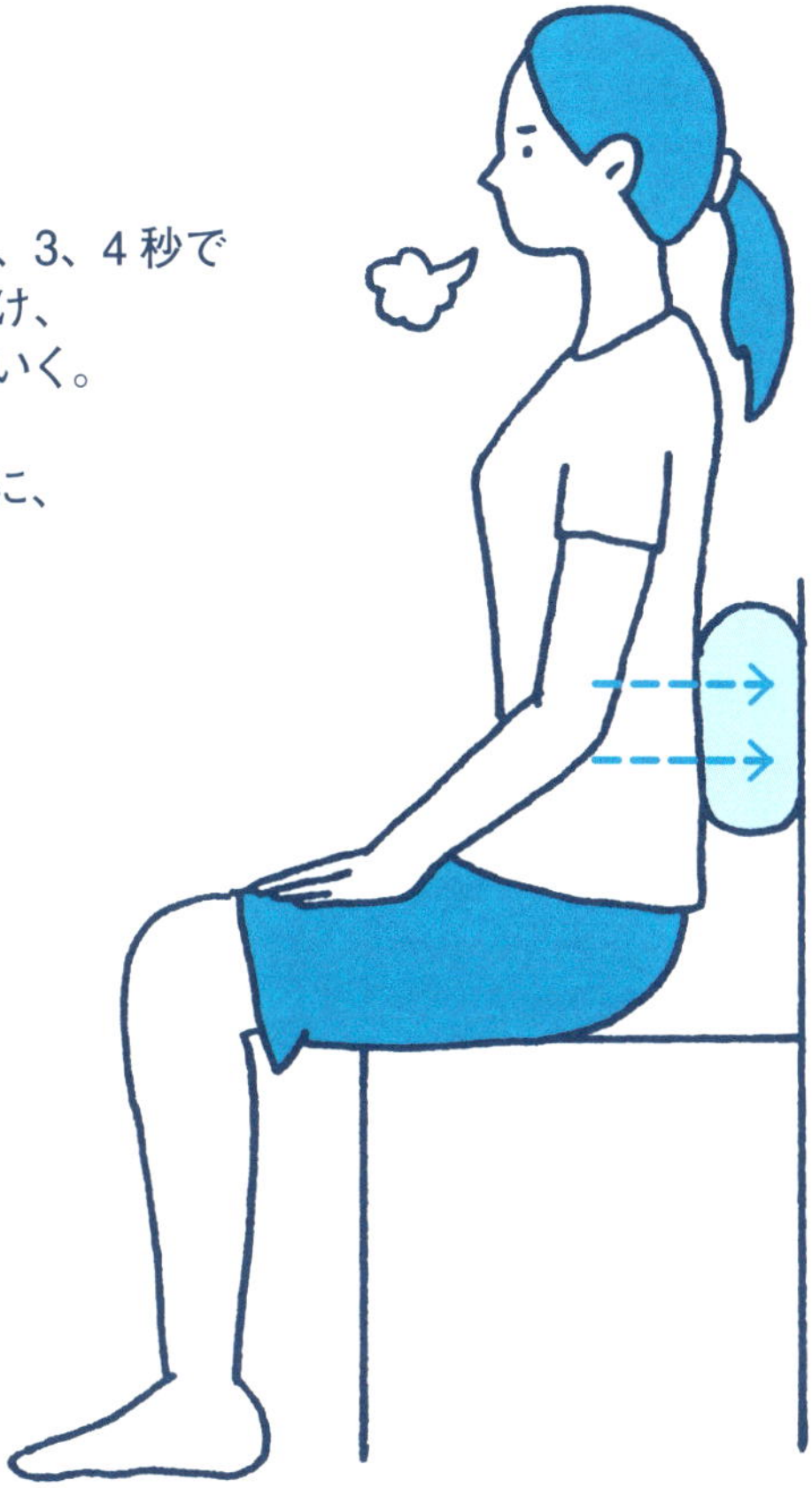

3

4 秒で❶に戻る。

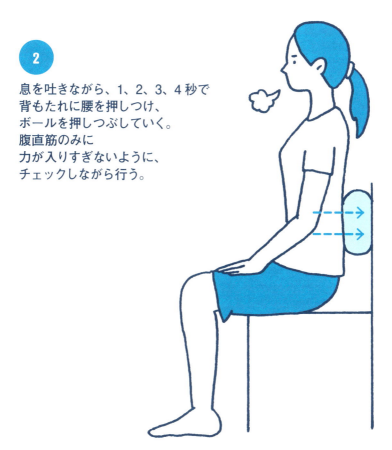

腹横筋トレ

Level 0
ドローインの練習
[仰向け]

20〜30回 2~3セット

Start Position

床で仰向けになる。

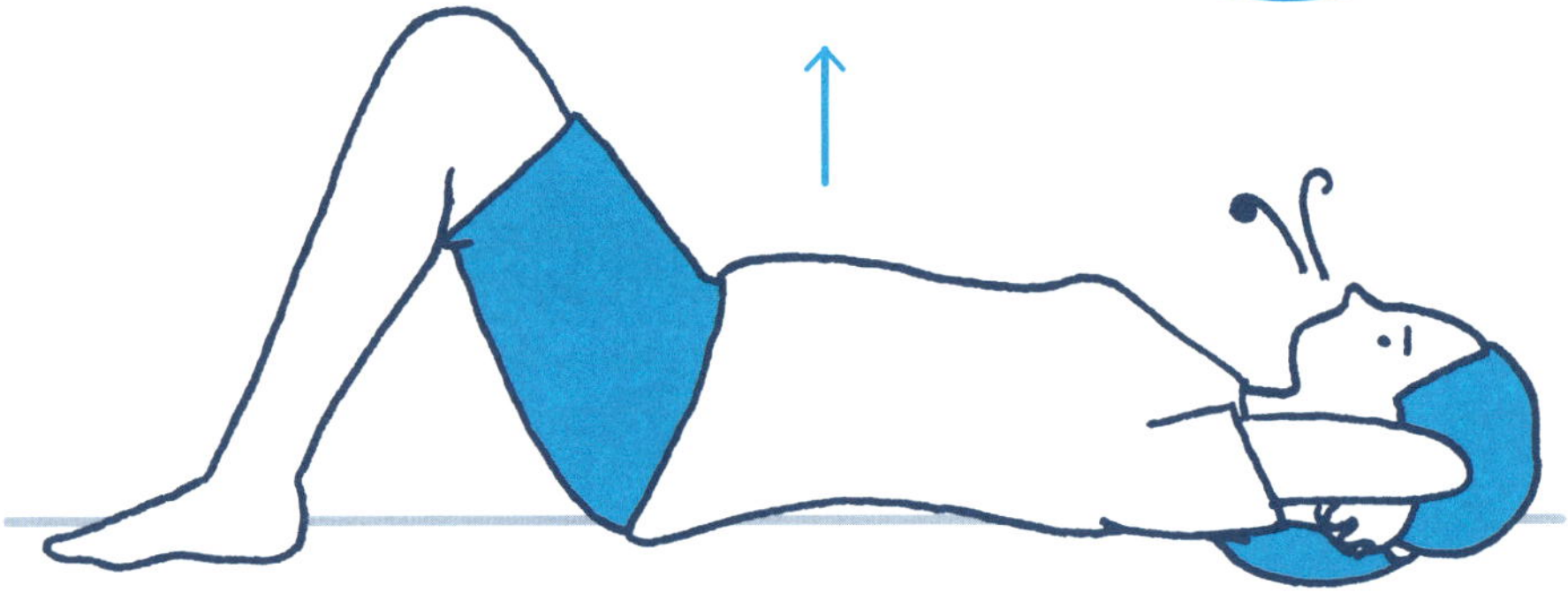

1

仰向けの状態で、膝を立て、
腰を浮かす。
鼻から息を吸って
おなかをふくらませる。

腹横筋《ふくおうきん》

腹筋群の中で最も深層にある筋肉。腹直筋と直交するように、筋線維が伸びている。腹壁を内側へ押し込み、呼吸を助ける。腹部をコルセットのように固める役割を持っている。

2

息を吐きながら、腰のアーチをつぶすように、
1、2、3、4 秒で床に押しつけていく。
腹直筋だけに力が入りすぎないように、
チェックする。

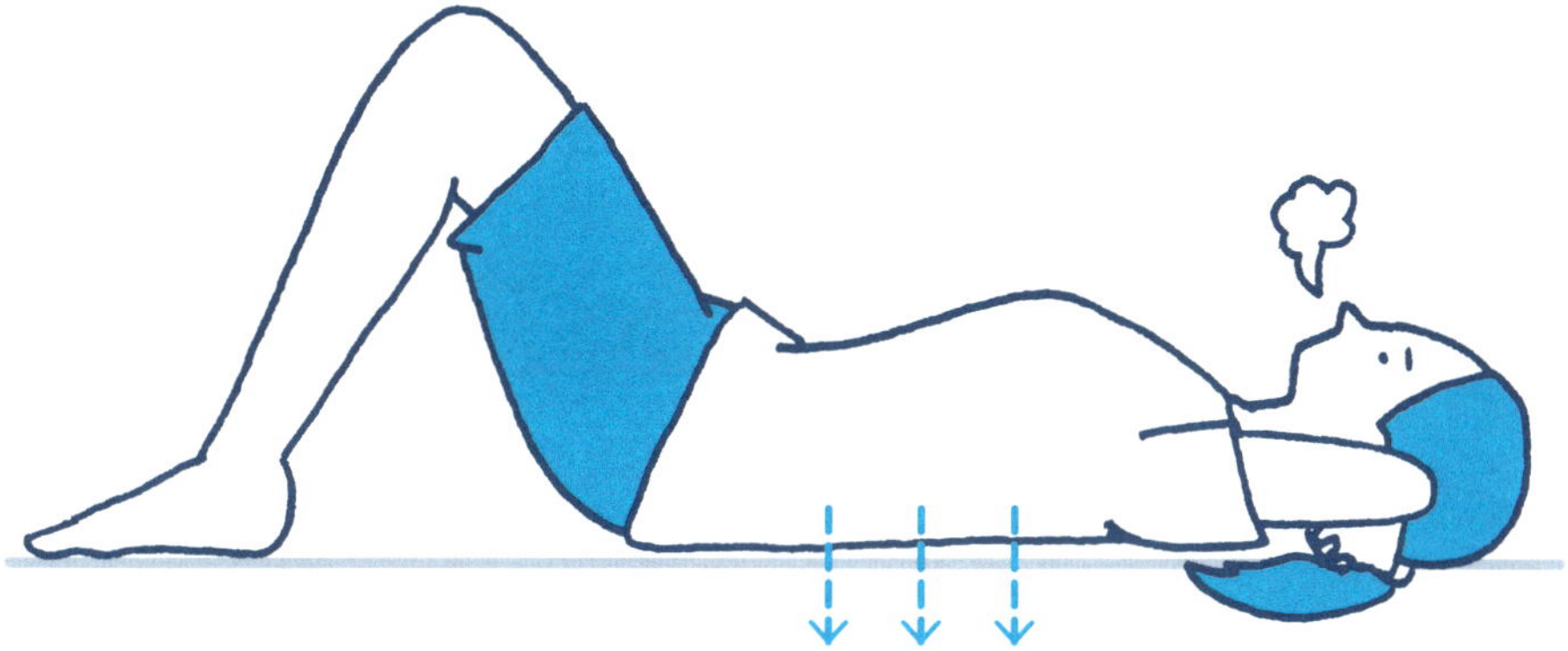

3

4 秒で❶に戻る。

腹横筋トレ

Level 1
ドローイン
[仰向け・膝立て]

20〜30回 2~3セット

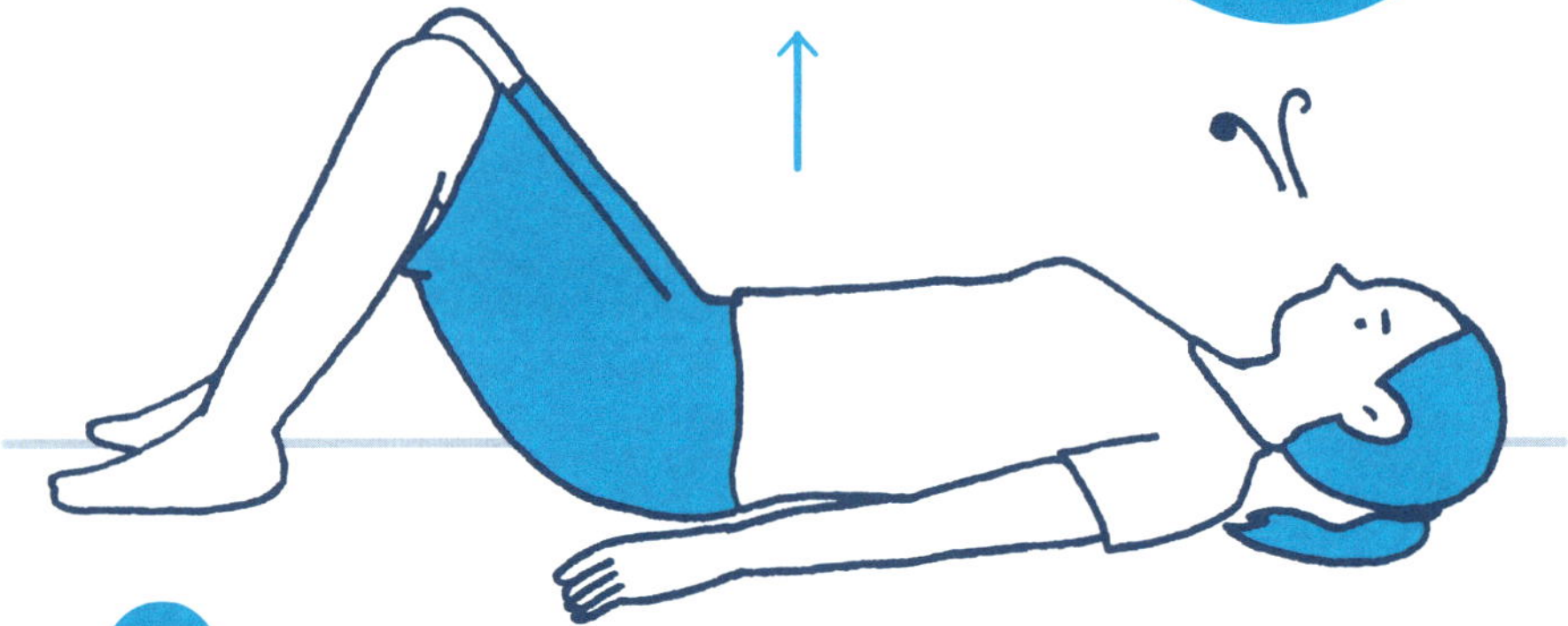

Start Position

床で仰向けになる。

1

仰向けに寝て、両膝を立てる。
鼻から息を吸って
おなかをふくらませながら、
腰を意識的に大きく反らせる。

腹横筋《ふくおうきん》

腹筋群の中で最も深層にある筋肉。腹直筋と直交するように、筋線維が伸びている。腹壁を内側へ押し込み、呼吸を助ける。腹部をコルセットのように固める役割を持っている。

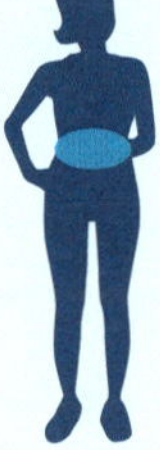

2

口から息を吐きながら、1、2、3、4 秒で腹横筋を使って
腰がナチュラルカーブになるところ
（手が腰の下に入る程度）まで押し下げる。
同時に肛門を軽く締めるようにして
骨盤底筋群を連動させる。

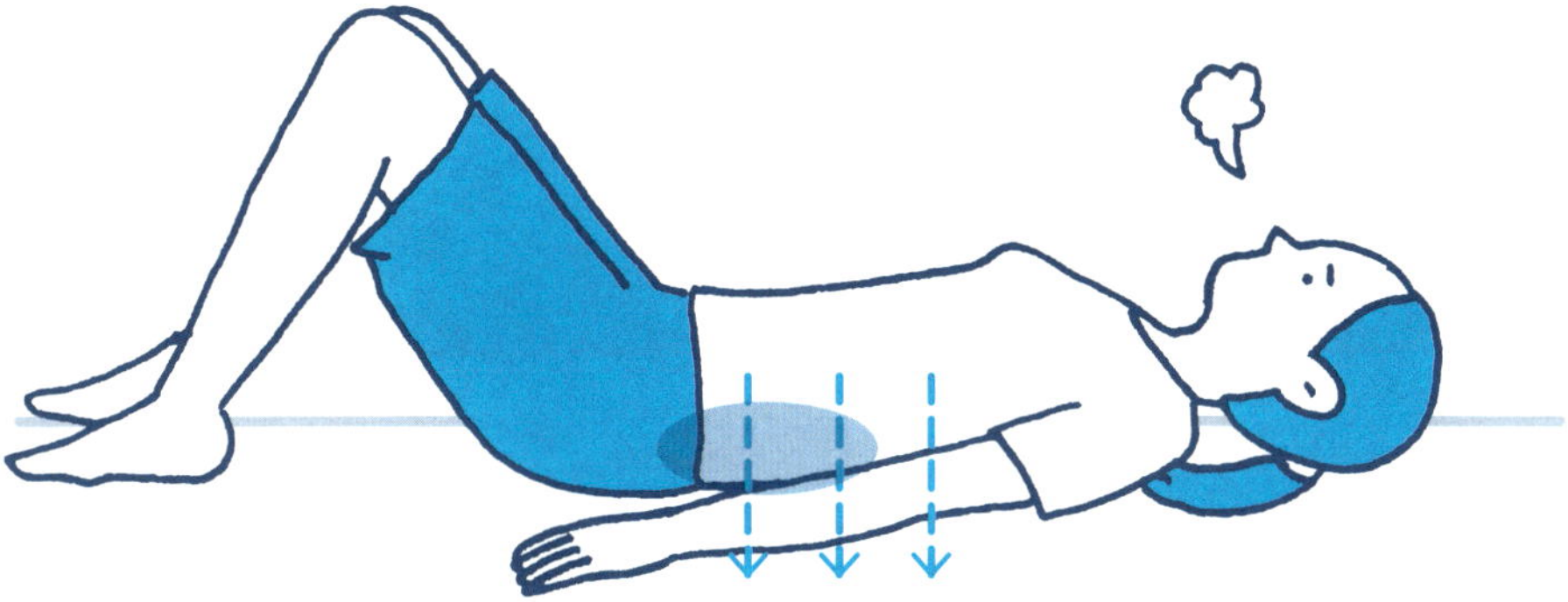

ナチュラルカーブ

脊柱《せきちゅう》は本来S字に湾曲しています。腰椎は前に湾曲（前湾）していることによって、地面からの衝撃を吸収しています。この骨格から、本来あるべき湾曲をナチュラルカーブといいます。

腰を完全に床にくっつけてしまうと、後湾していることになります。本来のカーブではないところでトレーニングすることになるので、ナチュラルカーブを意識することが、大きなポイントになります。

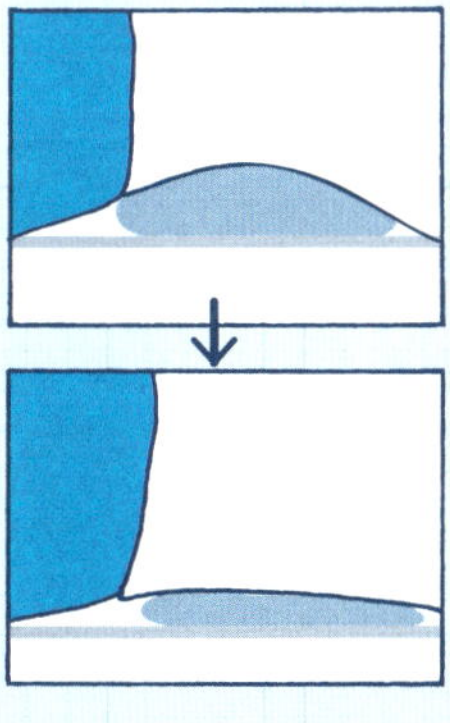

腹横筋トレ

Level 2

ドローイン
[仰向け・膝立て・両腕伸ばし]

20〜30回　2~3セット

Start Position

床で仰向けになる。

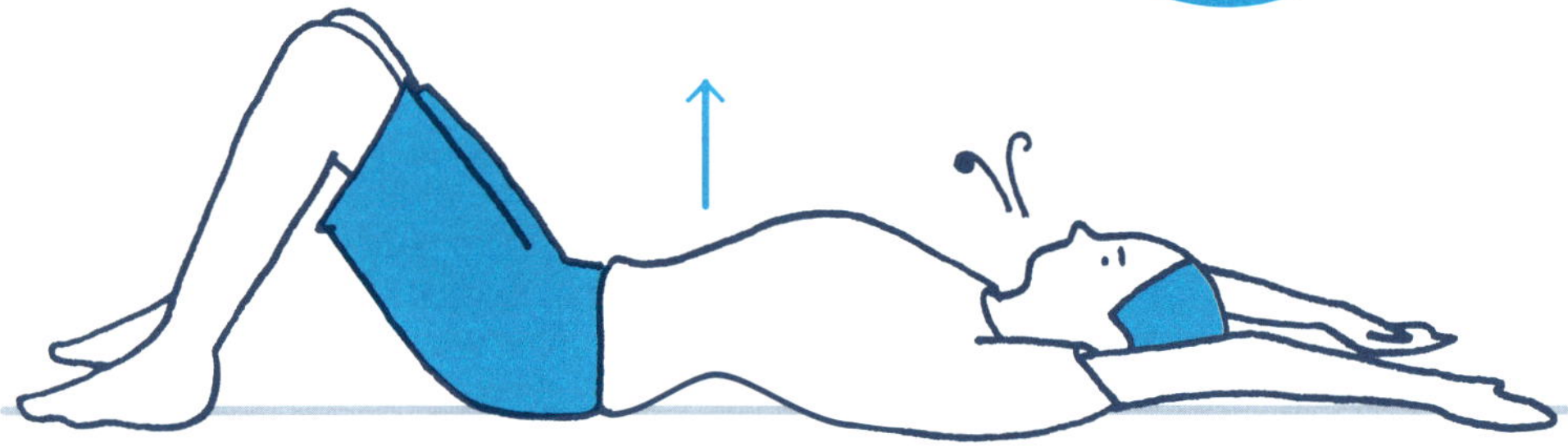

1

Level1ができるようになったら、
同じ動作を、
バンザイをするように
両手を上げた状態で行う。
鼻から息を吸って
おなかをふくらませながら、
腰を意識的に大きく反らせる。

腹横筋《ふくおうきん》

腹筋群の中で最も深層にある筋肉。腹直筋と直交するように、筋線維が伸びている。腹壁を内側へ押し込み、呼吸を助ける。腹部をコルセットのように固める役割を持っている。

ドローイン［仰向け・膝立て・両腕伸ばし］

2

口から息を吐きながら、1、2、3、4 秒で
腹横筋を使って腰がナチュラルカーブになるところまで
押し下げる。腹直筋だけに力が入りすぎないように
意識する。

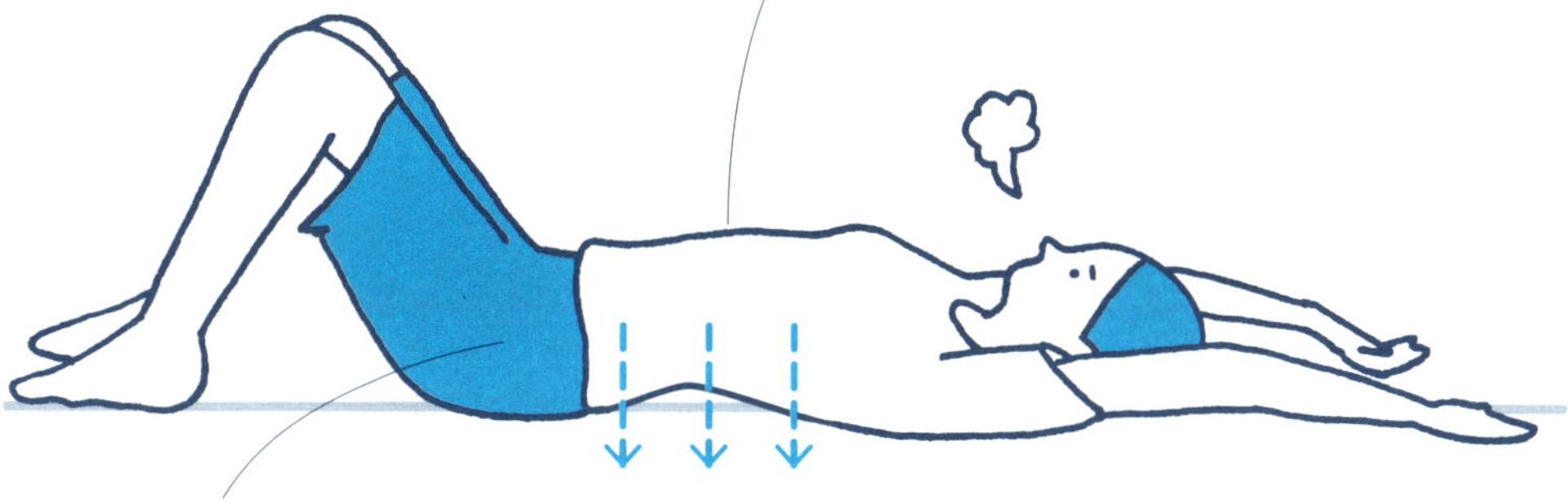
腹直筋を使わずに、腹横筋のみを使って押しつける感覚をつかむ。
骨盤底筋群を連動させて行う(肛門を軽く締める)。

×

腰が完全に床につかないように注意しましょう。腰の下に手が入るくらいを目安に押し下げます。腹直筋に力が入って硬くなるのもNGです。

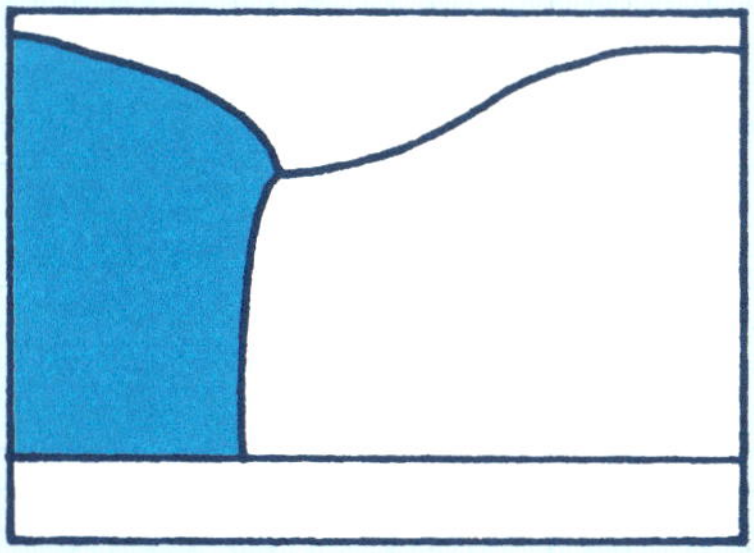

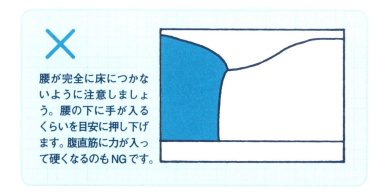

腹横筋トレ

Level 3
ドローイン
[仰向け]

20～30回　2~3セット

Start Position

床で仰向けになる。

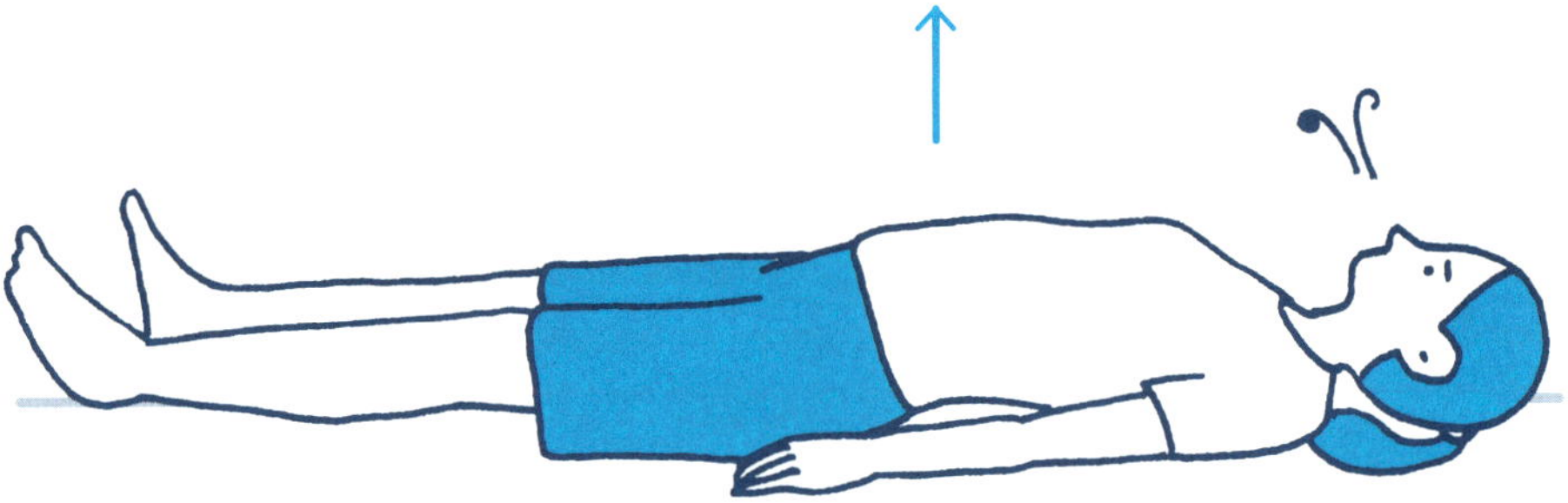

1

仰向けになり、脚を伸ばす。
鼻から息を吸って
おなかをふくらませながら、
腰を意識的に大きく反らせる。

腹横筋《ふくおうきん》

腹筋群の中で最も深層にある筋肉。腹直筋と直交するように、筋線維が伸びている。腹壁を内側へ押し込み、呼吸を助ける。腹部をコルセットのように固める役割を持っている。

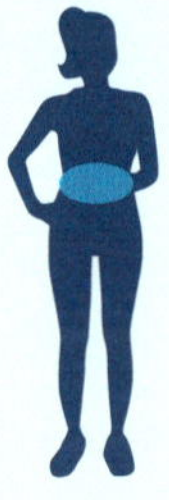

2

口から息を吐きながら、1、2、3、4秒で
腹横筋を使って腰がナチュラルカーブになるところまで
押し下げる。同時に肛門を軽く締めるようにして
骨盤底筋群を連動させる。

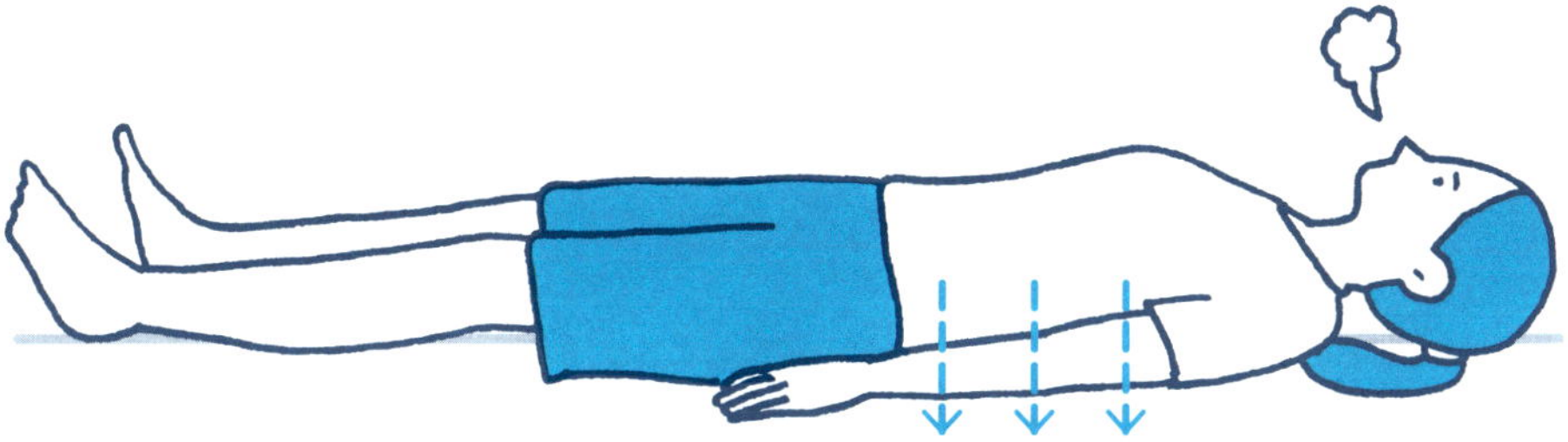

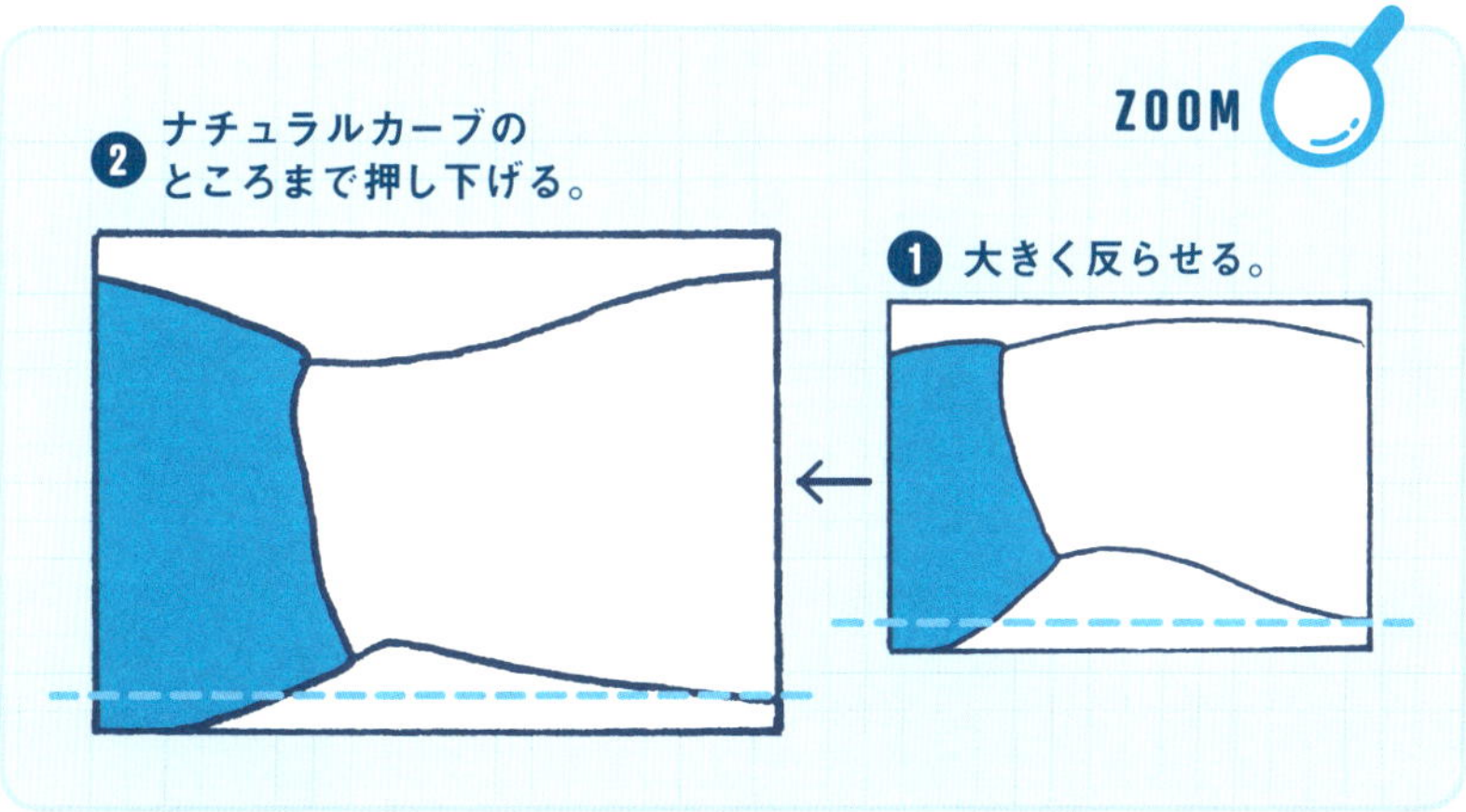
ZOOM
❷ ナチュラルカーブのところまで押し下げる。
❶ 大きく反らせる。

腹横筋トレ

Level 4
ドローイン
[仰向け・両腕のばし]

20～30回　2~3セット

腹横筋《ふくおうきん》

腹筋群の中で最も深層にある筋肉。腹直筋と直交するように、筋線維が伸びている。腹壁を内側へ押し込み、呼吸を助ける。腹部をコルセットのように固める役割を持っている。

Start Position

床で仰向けになる。

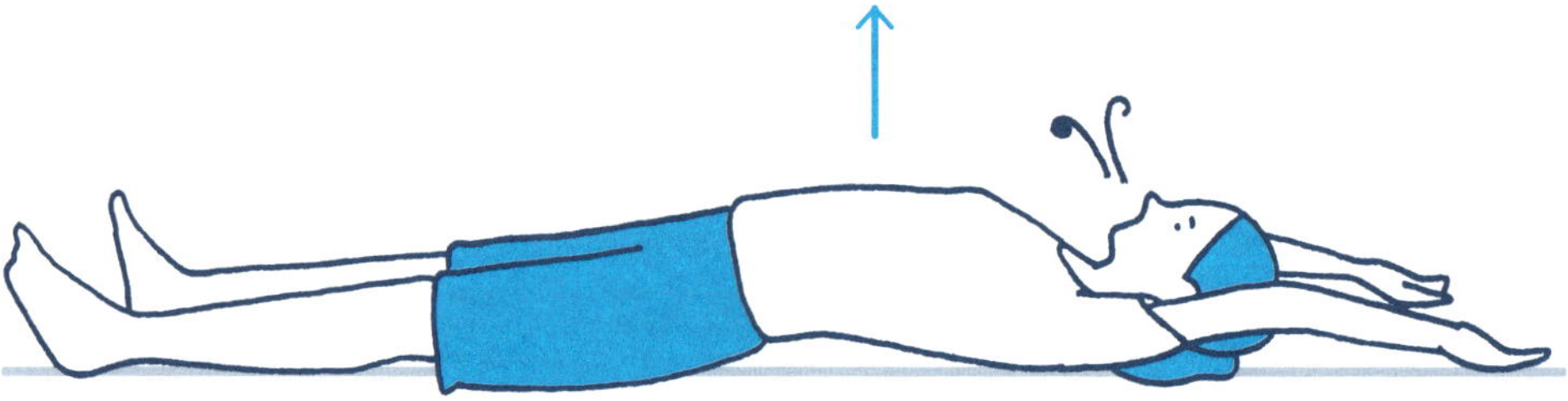

1. Level3 ができるようになったら、同じ動作を、バンザイをするように両手を上げた状態で行う。鼻から息を吸っておなかをふくらませながら、腰を意識的に大きく反らせる。

ドローイン［仰向け・両腕のばし］

2

**口から息を吐きながら、1、2、3、4 秒で
腹横筋を使って腰がナチュラルカーブになるところまで
押し下げる。腹直筋だけに力が入りすぎないように意識する。**

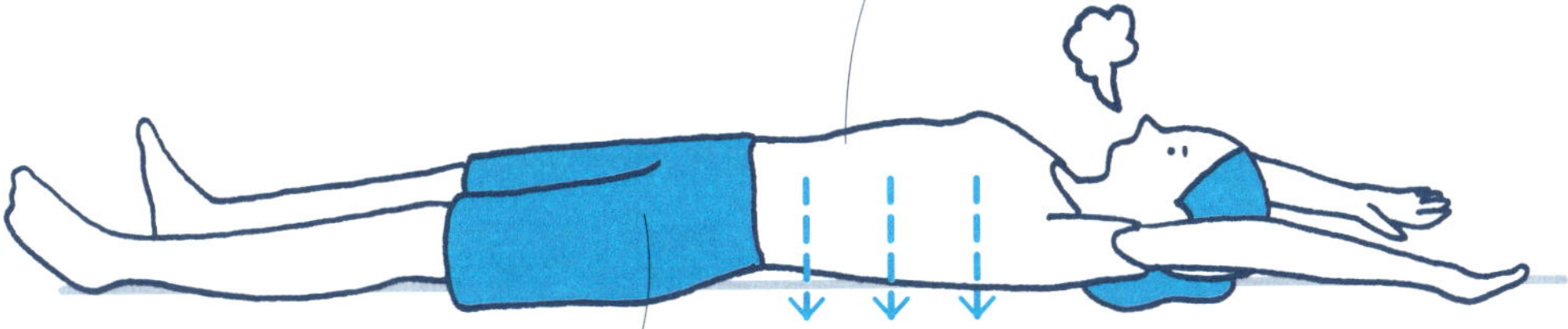

腹直筋だけを使うのではなく、腹横筋を使って押しつける感覚をつかむ。

骨盤底筋群を連動させて行う（肛門を軽く締める）。

大腿四頭筋《だいたいしとうきん》（前もも）、大臀筋《だいでんきん》（お尻）、肩、首まわりに力を入れない。

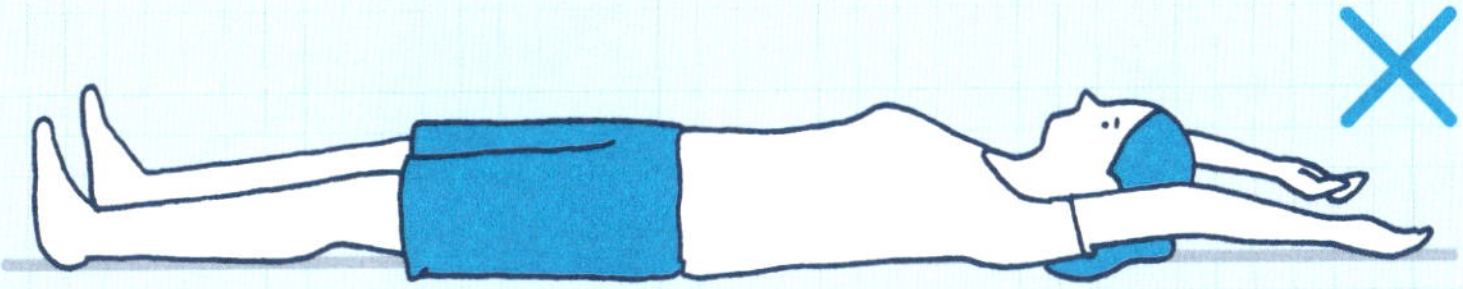

腰を押しつけすぎて完全に床につかないように注意しましょう。また、つま先がまっすぐ上を向き、骨盤が浮いている状態は、大腿四頭筋（前もも）や大臀筋(お尻)に力が入っています。下半身の力を抜いてリラックスさせましょう。

腹横筋トレ

Level 5
ドローイン［立位・腕立て］

20～30回　2~3セット

腹横筋《ふくおうきん》

腹筋群の中で最も深層にある筋肉。腹直筋と直交するように、筋線維が伸びている。腹壁を内側へ押し込み、呼吸を助ける。腹部をコルセットのように固める役割を持っている。

Start Position

椅子を準備して、座面を両手でつかむ。

1

椅子の座面を両手でつかみ、からだを斜めにする。
鼻から息を吸って
おなかをふくらませながら、
腰を意識的に大きく反らせる。

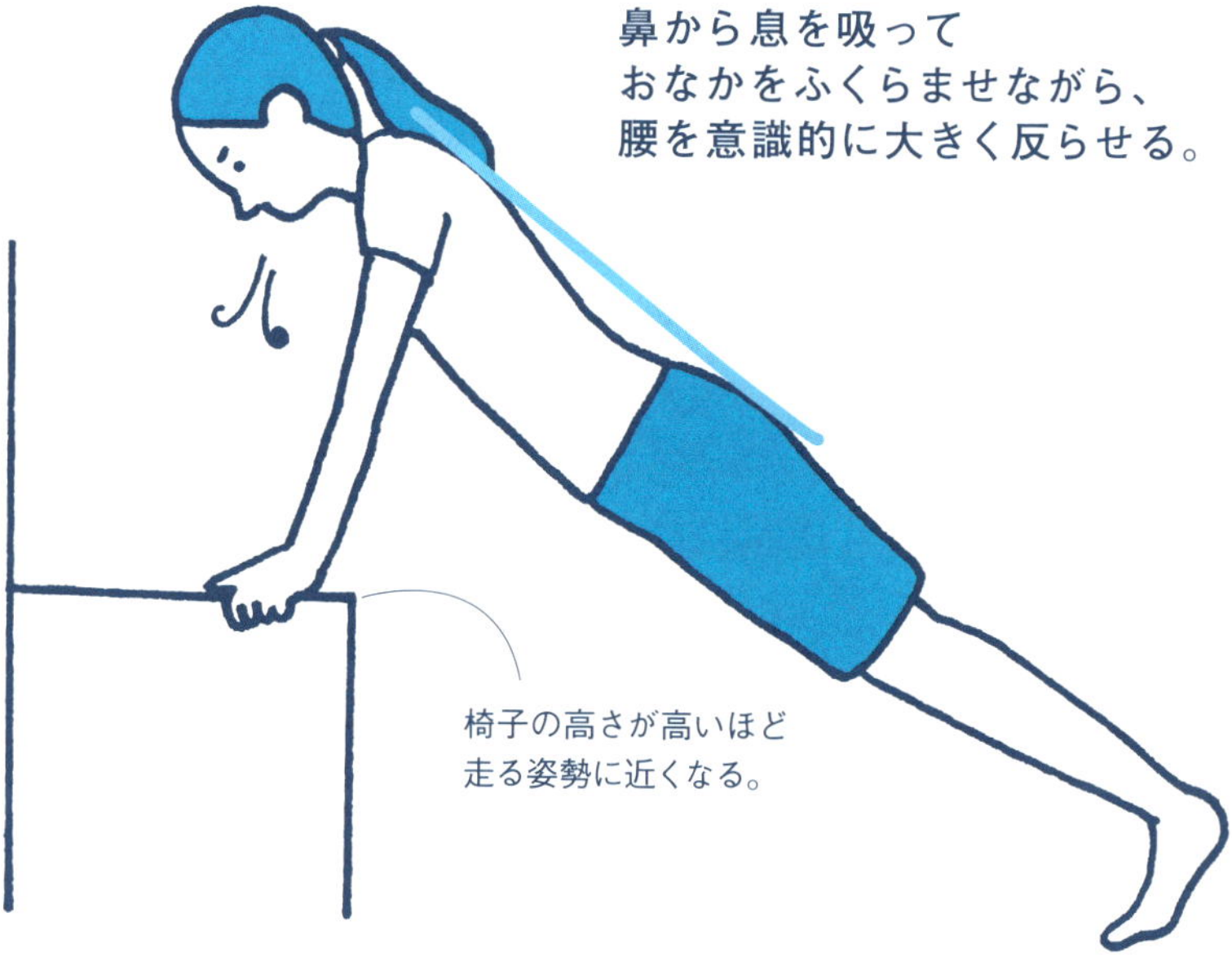

ドローイン［立位・腕立て］

2

口から息を吐きながら、
1、2、3、4 秒で腹横筋を使って
ナチュラルカーブをつくる。
同時に肛門を軽く締める。

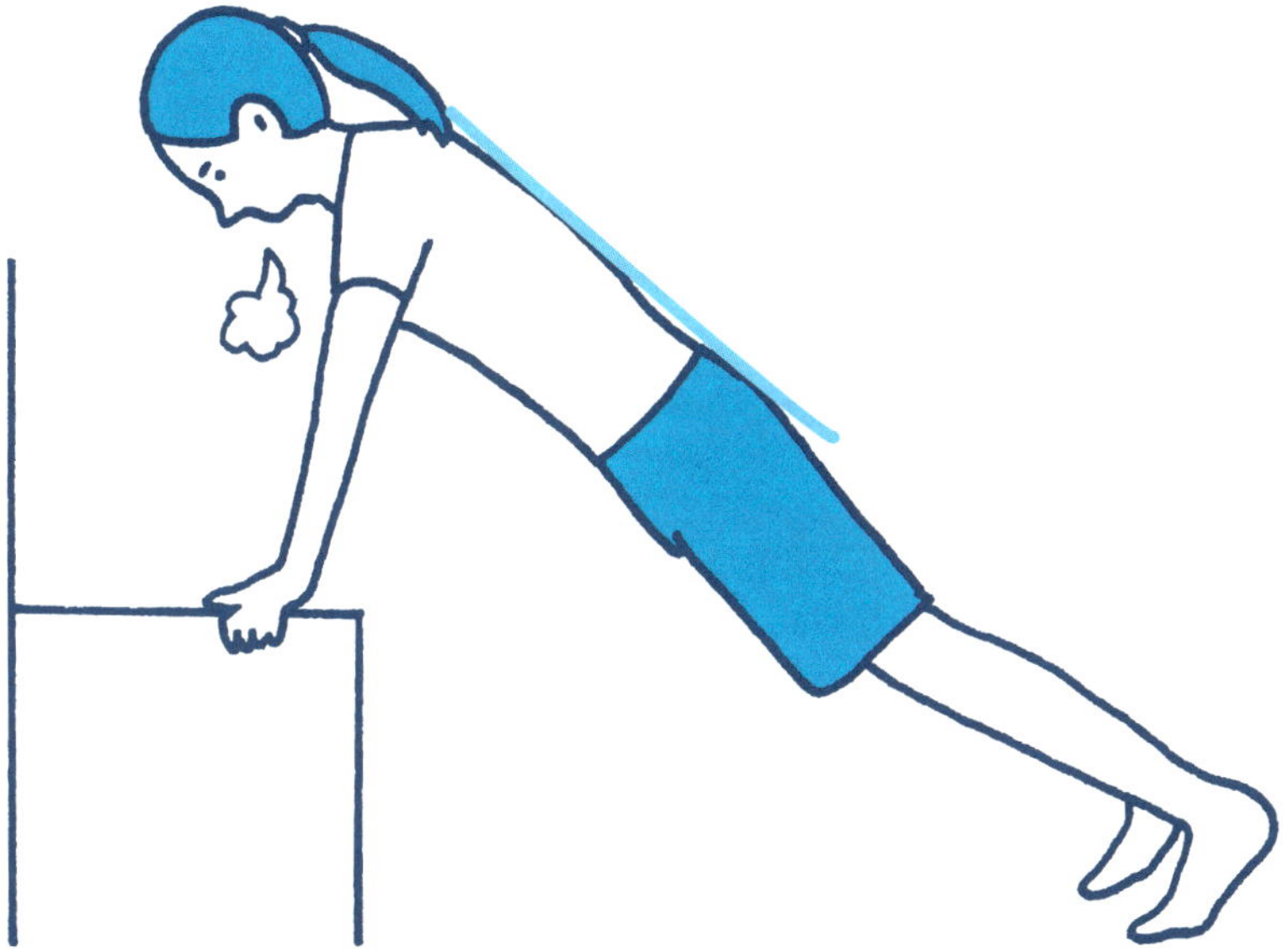

LIFE STYLE ▶▶ 1

体幹を鍛えると、腰痛を予防できる

腰痛は、多くの人を悩ませる症状の一つです。見た目にはそのつらさがわからないため、一見何の問題もないように見えますが、人知れず痛みと格闘している人は少なくありません。

腰痛の解消法は、これまでもさまざまに語られてきました。なかでも、最近注目を集めている体幹トレーニングに腰痛解消の期待をかける人が増えています。

体幹を鍛えるということは、しっかりとしたコルセットを身につけるのと同じ効果があります。腰痛で病院へ行くと、コルセットを処方されることが多いのではないでしょうか。コルセットを着用すると、腰痛は軽減されます。これは、腰椎にかかる負担を軽くする効果があるから。でも、本来はコルセットがなくても腰痛が起きない状態が自然です。腰椎を支える筋肉がきちんとついていれば、そもそも腰痛は起きないはずです。

筋肉量が少なくなって腰椎を支えきれなくなっているから、仕方なくコルセットに頼らざるを得なくなってしまう。そう考えると、腰痛を予防・軽減するためには、コルセットに頼るのではなく、**天然のコルセット＝体幹を鍛える**ほうがはるかに賢い方法といえます。

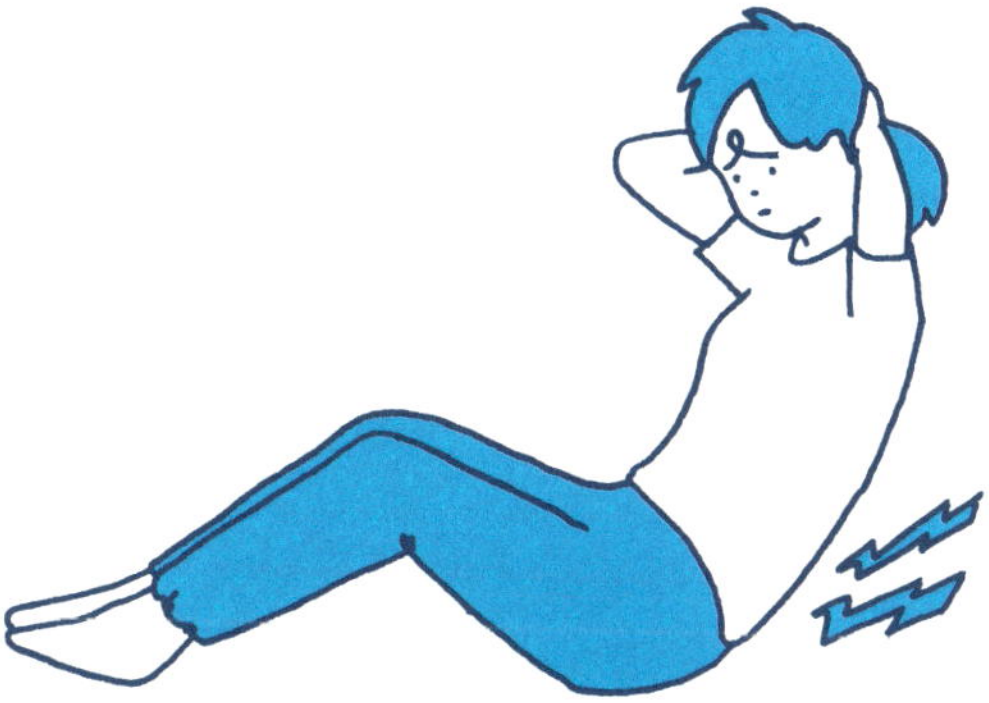

LIFE STYLE ▶▶ 2

腰痛のとき、腹筋運動をしてはいけない

腰痛に悩む人が医療機関を受診したとき、よくかけられる言葉に、次のようなものがあります。「腹筋が足りないから腰痛になるんですよ」「腰痛を解消したいなら、腹筋を鍛えてください」。

人間のからだに「腹筋」という筋肉はありません。厳密には、腹部についている筋肉を総称して「**腹筋群**」と呼んでいます。この腹筋群の中には、内腹斜筋、外腹斜筋、腹直筋、腹横筋といった筋肉が含まれています。医師は、こうした各種の筋肉を指して「インナーユニットもアウターユニットも衰えているから、腰痛になっているんですよ。だから体幹トレーニングをしてくださいね」と言いたいのでしょう。

ところが、「腹筋運動をしてくださいね」と言われた患者さんは、シットアップやクランチといった〝腹筋運動〟に励みます。そうした運動で鍛えられるのは、主に腹直筋。体幹を鍛えるのとは、別方向に向かってしまいます。**腰痛予防のために〝腹筋運動〟をひたすら続けていくと、結論からいえば、腰痛は解消されない場合が多いですし、さらに腰痛を招くことになります。**

人間の背骨は、前後に湾曲したS字カーブ（ナチュラルカーブ）を描いています。このカーブを見ると、上部の頸椎《けいつい》は前にカ

ーブ（前湾）し、中部の胸椎《きょうつい》は後ろにカーブ（後湾）し、下部の腰椎は再び前にカーブ（前湾）しています。**湾曲しているのは、からだに受ける衝撃を吸収するためです。**ソファやベッドなどにS字スプリングが使われるのと同じ原理です。

さて、腹筋運動で鍛えられる腹直筋は、肋骨から恥骨《ちこつ》まで縦についている筋肉です。この筋肉をトレーニングで強くすればするほど、肋骨と恥骨が引っ張られて近づいていきます。背中が丸まってねこ背になるようなイメージですね。

腹直筋だけが強くなりすぎると、腰椎の湾曲はくずれてしまいます。前に湾曲していたものが、まっすぐになっていくようなイメージです。腰椎は、前にカーブしていることで衝撃を吸収してくれていたのに、まっすぐになってしまうと、衝撃がダイレクトに伝わってしまいます。その結果、場合によっては椎間板《ついかんばん》に負荷がかかり、つぶれたりすることによって腰痛が起きるようになります。これで「腹筋を頑張りすぎるとますます腰痛に悩まされる」ということも起こりうるのです。ちなみに、たくさんの腹筋運動をして腹直筋を鍛えているボディビルダーは、当然ながらねこ背と腰痛に悩まされている人が多いのです。

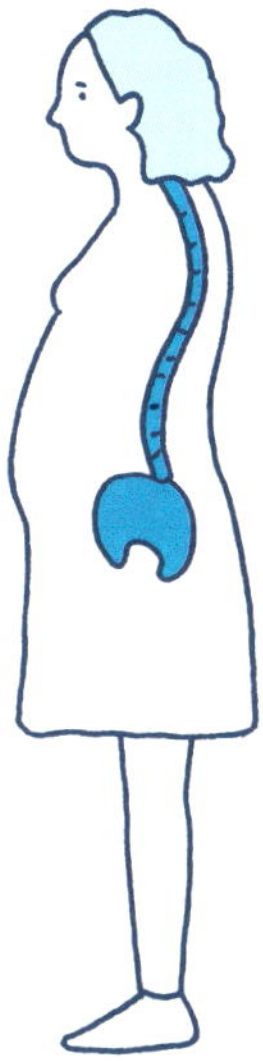

LIFE STYLE ▶▶ 3

太りすぎは腰痛の大きな原因

出産経験のある女性の多くは、妊娠中に腰痛を経験しているはずです。腰が痛くなるのは、やはり背骨のS字カーブのしくみを理解すればわかります。**おなかの中の内容物が増えると、その重さに引っ張られるように、腰椎の湾曲部分が過剰になっていきます。**緩やかに前方にカーブしていた腰椎が、急カーブに変形してしまうようなイメージです。それによって、腰椎のクッション機能が失われ、靭帯《じんたい》や筋肉に炎症や損傷が生じて痛みを感じることになるのです。腰椎のカーブが崩れる方向は、腹筋運動をして腰が痛くなるときと逆ですね。

出産したら、腰痛は治まってくる場合が多いはずです。これも、S字カーブのしくみを考えれば当然のこと。妊娠して腰痛になるというのは、「おなかぽっこり」になると腰痛になるというのと同じ原理です。肥満の人は、すぐ腰痛対策をとることができます。一つは、内臓脂肪の量を減らすこと。食べすぎないことと同時に、有酸素運動で摂取カロリーが消費カロリーを下回るようにします。**そのうえで、体幹トレーニングで腰を守っているインナーユニットとアウターユニットを強化すること**で、自分の筋肉でコルセットを装着したような効果が得られます。

LIFE STYLE ▶▶ 4

ストレスが腰痛を引き起こす

腰痛には肥満や妊娠以外にも内臓疾患によるものや、椎間板ヘルニアを原因とするものがあります。しかし、病院で腰痛を訴える人を診断してみると、原因を明らかに特定できるケースは15％程度で、後は原因不明の腰痛を起こしているのです。

そこで考えられるのが精神的な要因、つまりストレスです。人は過剰なストレスを抱えると、心拍数が高まって血圧が上がる、呼吸が浅くなる、筋肉が緊張するなどします。これらが原因で、高血圧、不整脈、心臓病、呼吸不全、喘息、下痢などの病気が引き起こされると考えられています。こうした**ストレス由来の病気の中に、肩こりや腰痛も位置づけられているのです。**

腰に炎症が起きると、痛みが脳に伝わります。脳ではドーパミンが放出、脳の中央で快感や恐怖などに重要な役割を果たす側坐《そくざ》核《かく》でオピオイドという脳内物質がつくられ、痛みを抑えるシステムが活性されるので、痛みを感じなくなります。しかし、ストレスを感じるとオピオイドは減少するので、ドーパミンシステムによって抑えられていた痛みを強く感じるようになります。逆にいえば、**ヘルニアを治さなくても、ストレスが解消すればオピオイドが分泌され腰痛が抑えられるということです。**

LIFE STYLE ▶▶ 5

ぎっくり腰は、安静が禁物のときもある

私自身、ストレスが原因でぎっくり腰になったことがあります。あるチームをサポートするため、海外合宿を行っていたときのことです。合宿中は、朝7時から夜7時まで練習を続ける選手たちを、ベンチに座って見続けなければなりません。その後、1～2時間程度のトレーニングが始まるのです。

そんなある日、選手をどうしても勝たせなければならないというプレッシャーを抱え、海外という慣れない環境で、いつの間にかストレスが蓄積していたのでしょう。選手たちの前でトレーニングの見本を見せながら、からだを動かしたとき、腰のあたりに急激な痛みを感じました。初めての経験でしたが、どうやらこれがいわゆる「ぎっくり腰」だろうと思いました。しかし、私がここで動けなくなったら、選手はトレーニングできなくなります。必死に平静を装い、なんとか指導を続けました。

私の場合、手足がしびれていたわけではなかったので、椎間板のまわりの神経に問題があるのではないと考えられます。状況から考えて精神的なものによるのは明らかでした。

ストレスが原因のぎっくり腰の場合、安静にすることは逆効果です。できるだけ動きを止めないで、ストレスを発散するのが解決策といえます。私にとってのストレス発散は、からだを動かすこと。ホテルのトレッドミルで、ゆっくりウォーキングから始めて、徐々にペースを上げていきました。夜もできるだけ横にならないようにして、ストレッチなどでからだを動かし続けました。その日は、一晩中ほとんど寝ずに過ごしていたのを覚えています。翌朝もランニングなどでからだを動かし続けて、2日間のうちに元の状態に戻すことができました。

ぎっくり腰が起きたとき、手足のしびれがない、尿が漏れるなどの症状がない場合は、原因の一つとしてストレスの疑いがあります。整形外科の腰痛診療ガイドラインでは、腰痛が起きたときに安静が推奨されない理由を発表しています。「安静にしていることで腰痛を悪化させる懸念がある」「横になってふさぎ込むことで痛みが増す」「何もせず横になっていると、意識が痛みにいく」「痛みというストレスが高まり悪循環になる」と解説されています。腰痛の原因によって対処法は異なります。整形外科的に大きな問題が起きている場合だけでなく内科的な疾患によって起きる場合もあるので、素人判断に頼りすぎるのではなく、医療機関を受診することをおすすめします。

LIFE STYLE ▶▶ 6

腰を痛めない日常の動き方

1 両足の真下に荷物が来るような位置に立ち、膝を曲げて垂直に腰を下ろす。

2 上体をまっすぐに保ったまま、膝を伸ばしながら脚の力を使って、垂直に持ち上げる。

日常生活の中で、腰に負担をかける動作が「中腰」と「前屈」です。中腰や前屈の状態で腰を曲げると、上体の重みが加わるため、腰部にも大きなストレスがかかります。

たとえば、低い洗面台で顔を洗うとき、上体を曲げて前屈すると腰には負担がかかります。

このようなときは、**膝を軽く曲げて上体をできるだけ曲げないようにしましょう**。床に小さな台を置き、片足を置くだけでも腰への負担は緩和されます。

とくに気をつけたいのが、重たい荷物を持ち上げるときの動作です。

上体を前傾させて持ち上げると、ぎっくり腰の原因ともなります。中腰の姿勢で持ち上げるのもNGです。

重い荷物を持つときには、両足の真下に荷物が来るような位置に立ちます。

次に膝を曲げて垂直に腰を下ろします。上体をまっすぐに保ったまま、膝を伸ばしながら脚の力を使って、垂直に持ち上げます。

もちろん、低筋力の方は、重い荷物を頻繁に扱わないようにすることも腰痛予防の基本です。

メタボが引き起こすリスク

20代のころはスリムな体型を維持し、好きなだけ食事やお酒を楽しんでいた人が、30代を経て40代にさしかかり、おなかがぽっこりしてくる姿は決して珍しいものではありません。

ぽっこりおなかに悩む人が気にするのは、メタボリックシンドロームの判断基準の一つである、おへそまわりの腹囲です。メタボリックシンドロームは、おなかまわりの内臓に脂肪が蓄積した内臓脂肪型肥満と大きな関わりがあるとされています。

おなかが出てくると、職場などの健康診断で腹囲を計測されるとき、「メタボと判定されたら嫌だなあ」と暗い気持ちになってしまうのではないでしょうか。

厚生労働省が発表している腹囲の診断基準は、「男性85cm以上」「女性90cm以上」（男女ともに腹部CT検査の内臓脂肪面積が100cm²以上に相当）です。

読者の中にも、この基準をオーバーしてしまう人がいるかもしれません。ただし、注意したいのは、腹囲の基準をオーバーしていただけで、ただちにメタボリックシンドロームと判定されるのではないということです。内臓脂肪の蓄積に加えて、以下のうち2つ以上の項目があてはまるとメタボリックシンドロームと診断されます。

脂質異常… 中性脂肪150mg／dℓ以上、
HDLコレステロール40mg／dℓ未満、のいずれか、または両方
高血圧…… 最高（収縮期）血圧130mmHg以上、
最低（拡張期）血圧85mmHg以上、のいずれか、または両方
高血糖…… 空腹時血糖値…110mg／dℓ以上

以上を総合すると、メタボリックシンドロームは、内臓脂肪型肥満に高血糖、高血圧、脂質異常が重なり、動脈硬化を引き起こし、心臓病や脳卒中などの命に関わる病気を引き起こすリスクを高める状態であることがわかります。

PART 3

体幹トレでおなかを凹ませる①

#腹筋女子
こういうの、あこがれるなー
いつかわたしもやってみたい
もっと回数増やそうかな？

その腹直筋トレだけで、OKですか？
はい？
おなかの前面についている腹直筋だけ鍛えても、おなかを凹ませる効果は期待できません。
おなかを凹ませたかったら、縦の筋肉ではなく、横や斜めの筋肉を優先的に鍛えるのです

Introduction

アウターユニットを強化する Level1～3

筋肉の動きをおさらい

筋肉は、収縮性のある線維状の細胞から構成されています。線維なので、どちらかの方向に伸びることで筋肉を構成します。

私たちが力を入れて動作を行うとき、筋肉は必ず縮んでいます。だから筋トレをするときには、運動によって筋肉に負荷をかけて力を発揮させるのです。ダンベルを手に持って腕を伸ばした状態から、肘を曲げて持ち上げるとき、筋線維が収縮して筋力が強化されます。そして、持ち上げたダンベルを下ろすときに収縮した筋線維が伸ばされます。この伸ばす動作が伸張（ストレッチ）にあたります。収縮と伸張を繰り返しながら、筋肉をトレーニングするというわけです。

腹横筋の筋線維も、コルセットと同じようにおなかを横に取り巻くようについています。そう考えると、腹横筋を鍛えるには、横に走っている筋線維を収縮させなければなりません。腹直筋は肋骨から恥骨までを縦に結んでいる筋肉ですから、腹直筋を鍛えると縦に走っている筋肉を収縮・伸張させることになります。

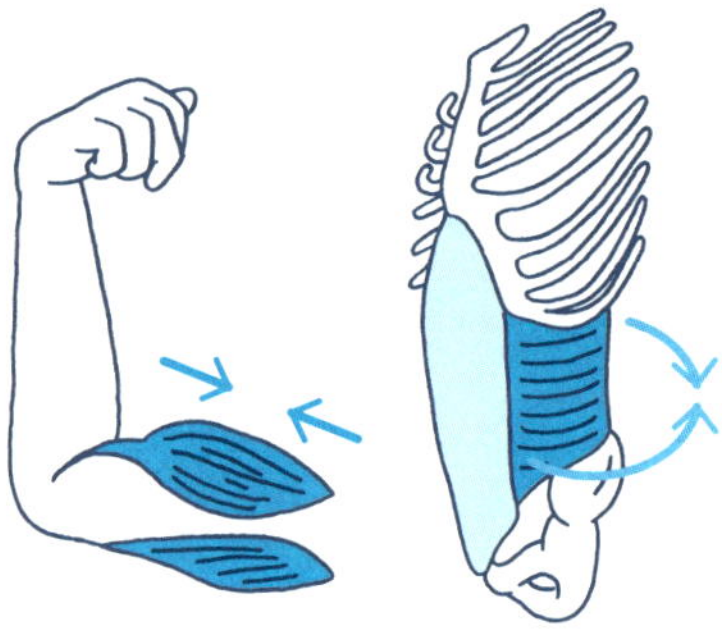

筋肉は線維の束

上腕二頭筋は肩から肘に向かって縦に走っている筋線維を縦に収縮しながら鍛える。腹横筋は横に走っている筋線維を横に収縮しながら鍛える。

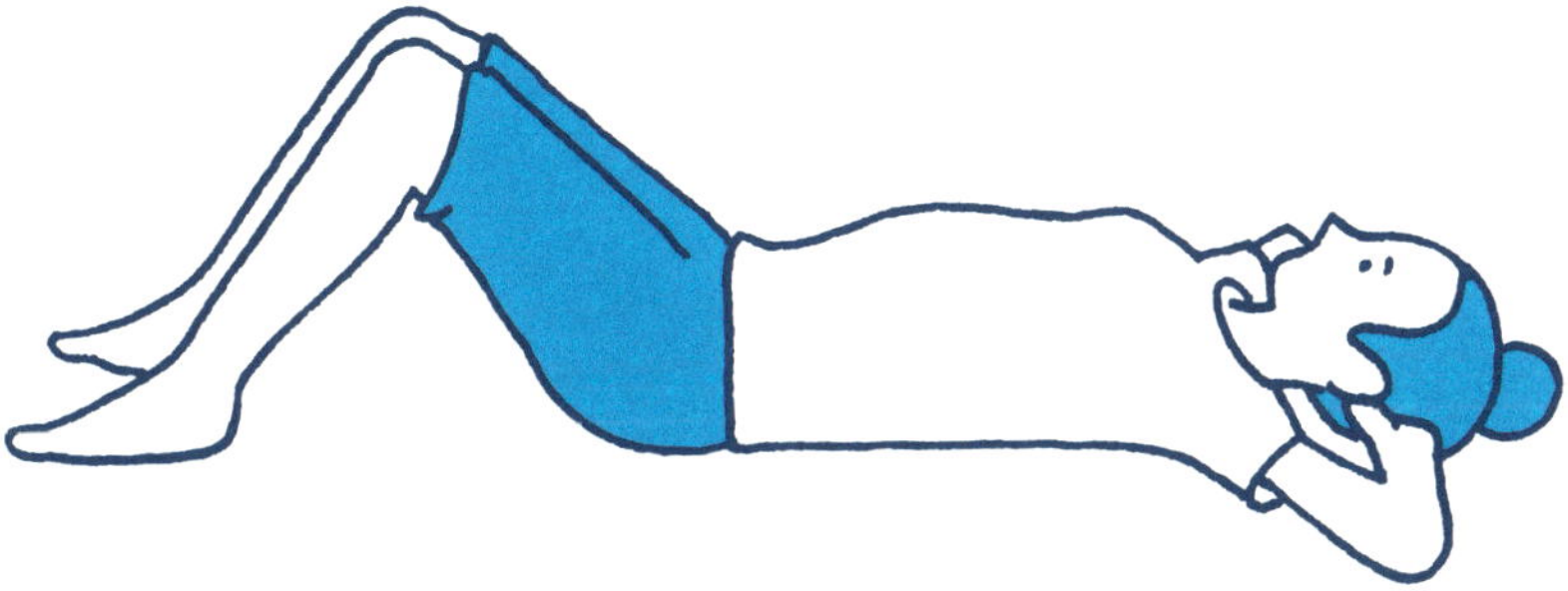

腹筋群をトレーニング

おなかの正面にある腹直筋トレで上体を起こし、おなかの脇にある腹斜筋群トレで脇腹を締め、腹筋で最も深いところを走る腹横筋トレでコルセットをつくります。

◎回数は自分のレベルに合わせて行います。
◎縦トレ（腹直筋）と横トレ（腹斜筋群、腹横筋）を1つずつLevel1から始め、余裕でセットをこなせるようになったら、Level2へ進みます。

Let's Start!

腹斜筋トレ

Level 1
ツイスティングクランチ・with ウォール

左右各10～20回　2~3セット

Start Position

壁際で床に仰向けになる。

左腕を体側で伸ばす。

1

両脚を腰幅に開いて壁につけ、膝と股関節を 90 度に曲げる。

腹斜筋《ふくしゃきん》

外腹斜筋と内腹斜筋からなる。外腹斜筋は、肋骨上部から腸骨に伸びる筋肉。腰椎を曲げるときに腹直筋に協力する。内腹斜筋は、外腹斜筋の深層にあり、外腹斜筋と直交するように筋線維が伸びている。

2 右肘を左膝につけるように上体をひねりながら起き上がり、ゆっくり元に戻る。

3 左右を変えて、❶、❷を行う。

× 両足は壁につけて

上体を起こすとき、足が壁から離れて膝で迎えにいかないようにします。

× 始めるときは、からだをまっすぐに

からだをひねってから起こすのではなく、ひねりながら起こします。

腹斜筋トレ

Level 2

ツイスティングクランチ・ニー to エルボー

左右各10～20回　2~3セット

Start Position

床で仰向けになる。

1

左脚を伸ばして床から浮かせ、右膝を90度に曲げて立てる。

腹斜筋《ふくしゃきん》

外腹斜筋と内腹斜筋からなる。外腹斜筋は、肋骨上部から腸骨に伸びる筋肉。腰椎を曲げるときに腹直筋に協力する。内腹斜筋は、外腹斜筋の深層にあり、外腹斜筋と直交するように筋線維が伸びている。

2

左膝を曲げて引き寄せながら
右肘でタッチするように
上体をひねり起こし、
ゆっくり元に戻る。

CHALLENGE!

負荷UP

両手を頭の後ろに添え、対角の肘と膝をつけるように上体をひねり起こす。

3 左右を変えて、❶、❷を行う。

×

**上体は対角に向かって
ひねり起こす**

疲れてくると、起き上がれず真横を向くだけになってしまいます。

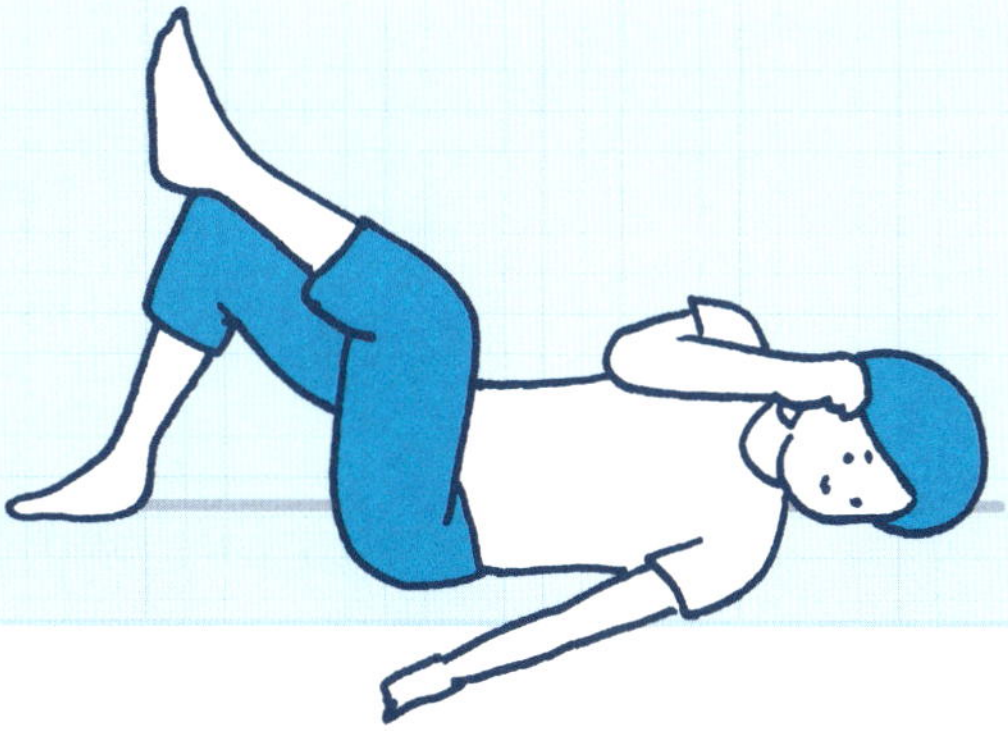

腹斜筋トレ

Level 3 ツイスティングクランチ

左右各10～20回　2~3セット

Start Position

床で仰向けになる。

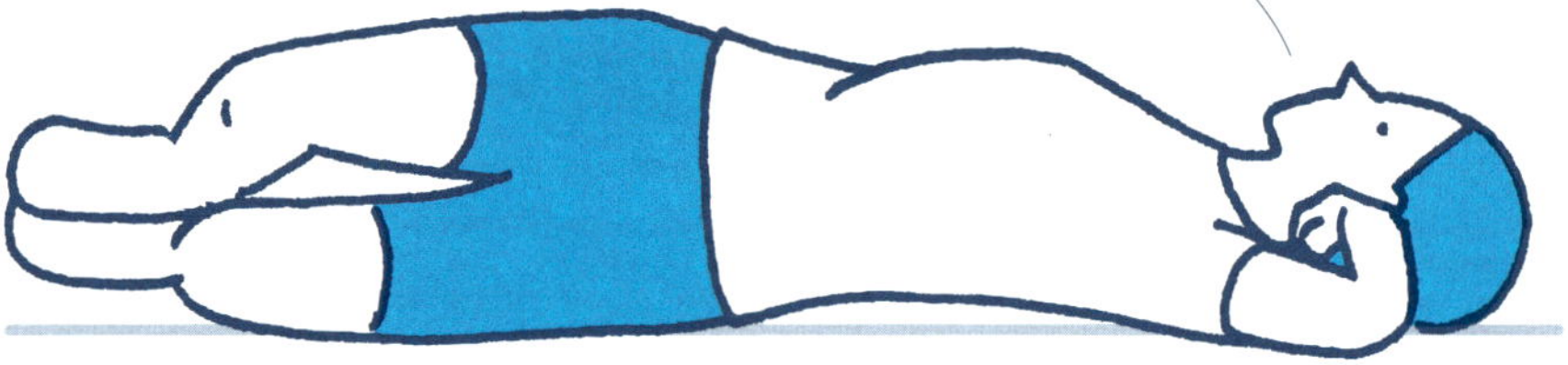

1

両膝を揃えて90度に曲げ、真横に倒す。

腹斜筋《ふくしゃきん》

外腹斜筋と内腹斜筋からなる。外腹斜筋は、肋骨上部から腸骨に伸びる筋肉。腰椎を曲げるときに腹直筋に協力する。内腹斜筋は、外腹斜筋の深層にあり、外腹斜筋と直交するように筋線維が伸びている。

2

下半身を固定し、背中を丸めて
肩甲骨が床から離れるまで
上体を起こし、
ゆっくり元に戻る。

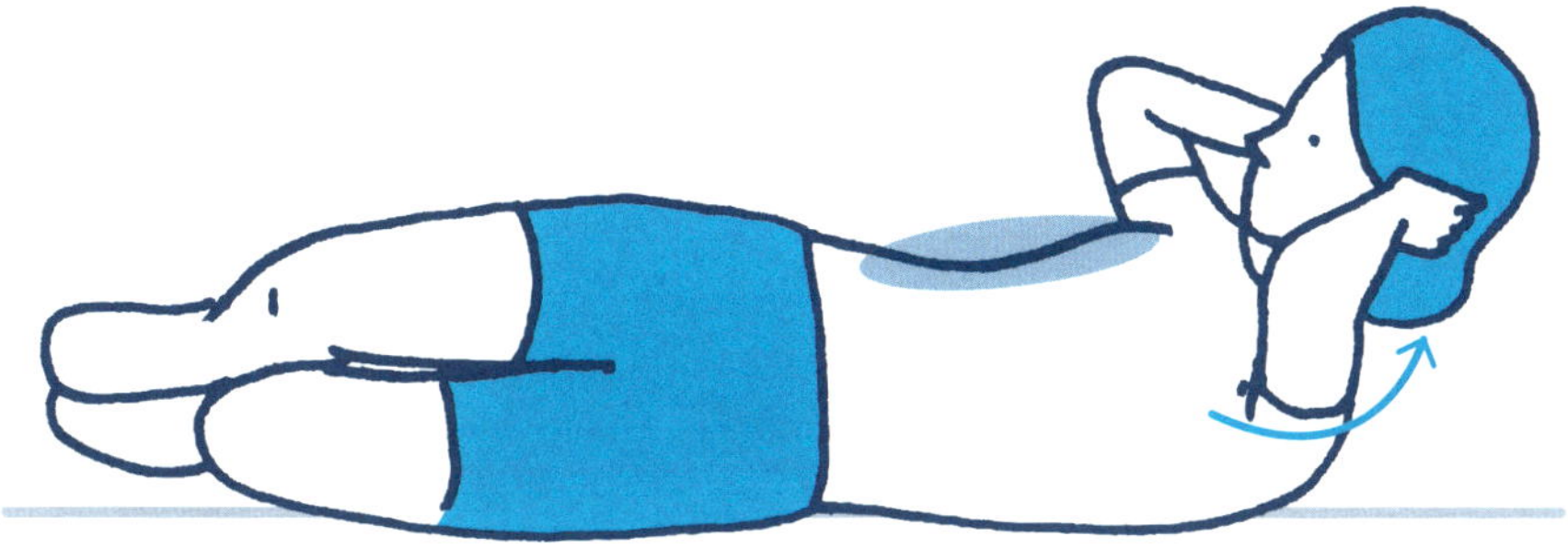

3 左右を変えて、❶、❷を行う。

× からだをひねる

疲れるとひねりが入りにくくなり、ひねっているつもりで横に上体を向けるだけになります。

× 両膝を揃えて床につける

両膝が離れると、上体をひねりながら起こすのが難しくなります。

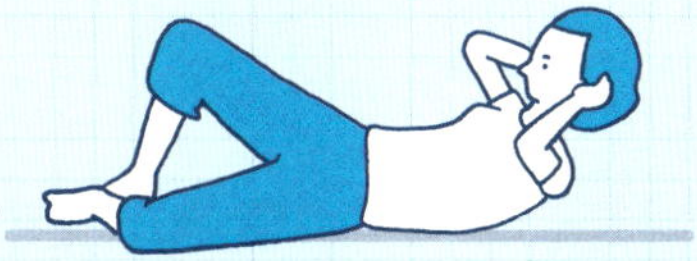

腹直筋トレ

Level 1

クランチ with ウォール

10〜20回 2~3セット

Start Position

壁際で床に仰向けになる。

1

両脚を腰幅に開いて壁につく。
膝と股関節を90度に曲げる。

腹直筋《ふくちょくきん》

肋骨の下部から恥骨にかけて伸びる一対の筋肉。左右両側の腹直筋が働くことで腰椎が曲がり、肋骨と恥骨の距離が縮まる。左、または右のどちらかだけ働くと腰椎が左右に曲がる。

2

背中を丸めながら
肩甲骨を床からはがすように
起き上がり、
ゆっくり元に戻る。

×

膝を90度に曲げること

膝を90度に曲げておかないと体が支えられないので、上体がしっかり起こせません。

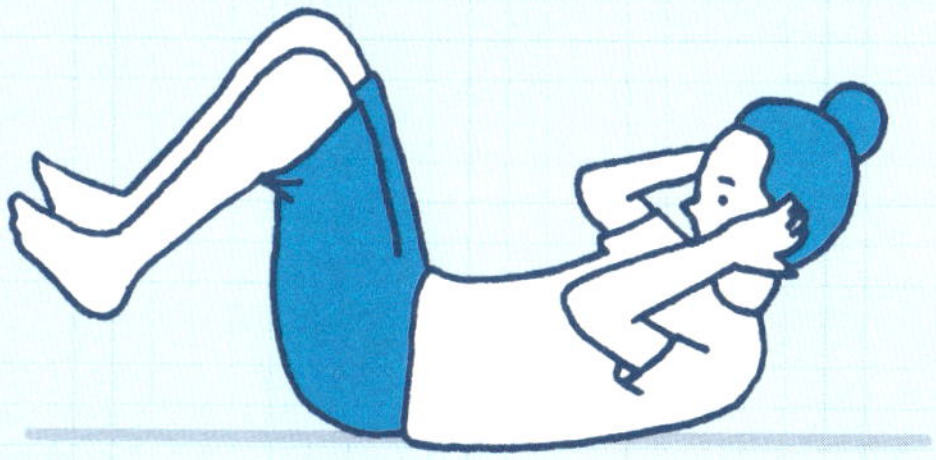

腹直筋トレ

Level 2

ニータッチクランチ

10〜20回 2~3セット

Start Position

床で仰向けになる。

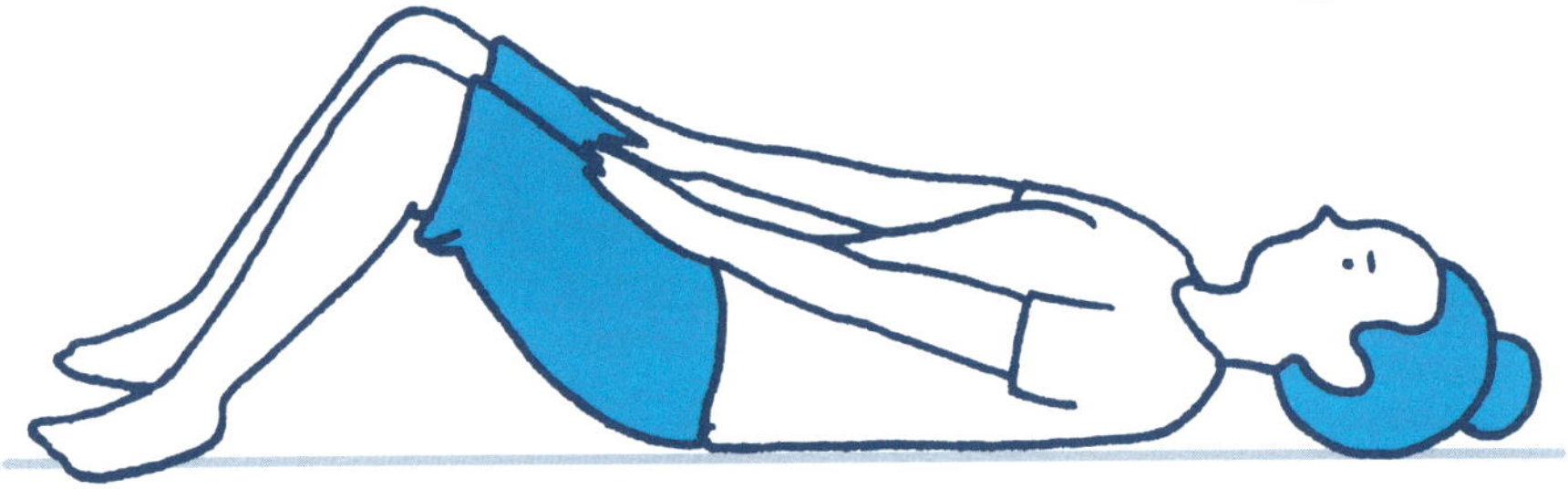

1

両膝を腰幅に開き、
90度に曲げて立てて、
両手を太ももに添える。

腹直筋《ふくちょくきん》

肋骨の下部から恥骨にかけて伸びる一対の筋肉。左右両側の腹直筋が働くことで腰椎が曲がり、肋骨と恥骨の距離が縮まる。左、または右のどちらかだけ働くと腰椎が左右に曲がる。

ニータッチクランチ

2

背中を丸めながら、
膝にタッチをするまで
手を滑らせながら起き上がり、
ゆっくり元に戻る。

× 上体は完全に起こさない

上体を起こし切る必要はありません。上体を起こすと、股関節の腸腰筋もトレーニングすることになります。

× あごは下げる

苦しくなるとあごだけ上がり、背中が反って上体が起こせなくなり、首も痛くなります。

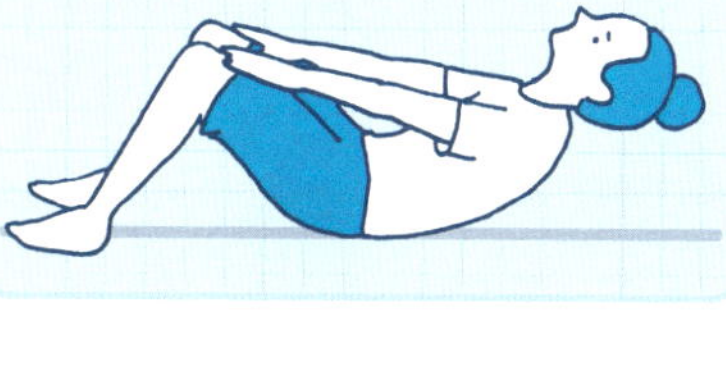

Level 3

クランチ

10〜20回　2~3セット

Start Position

床で仰向けになる。

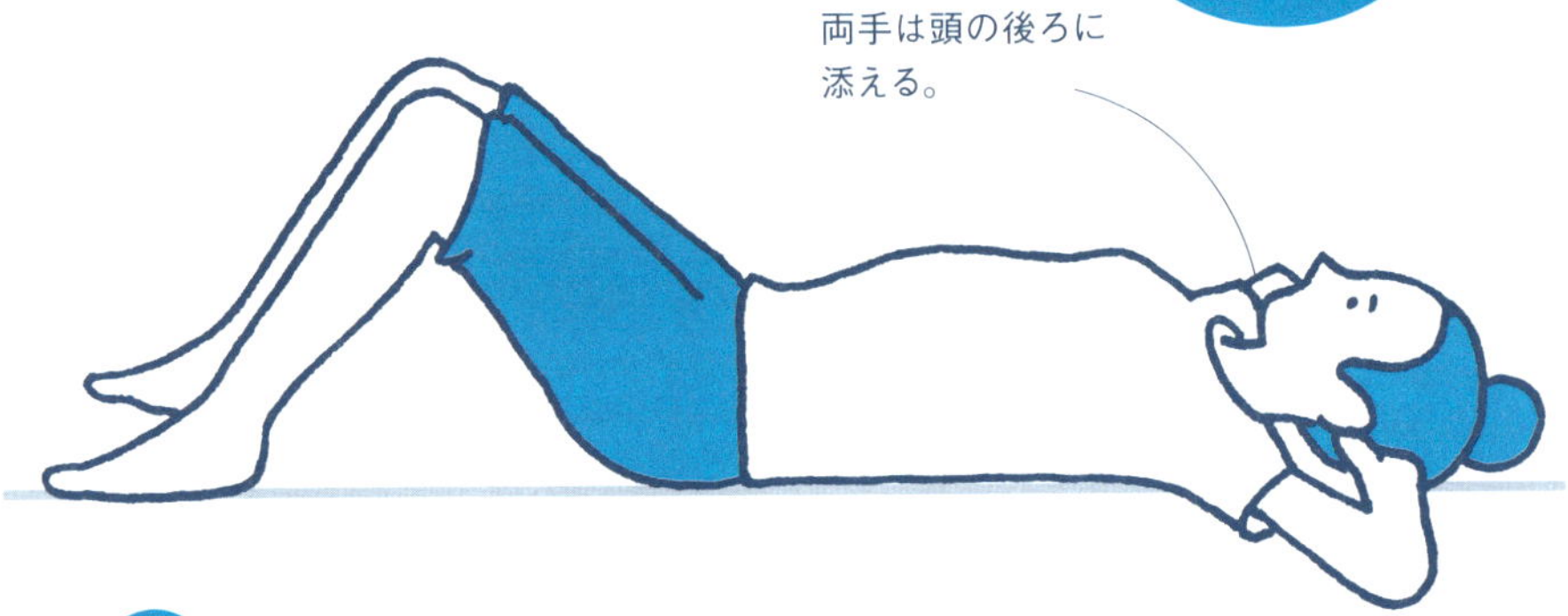

1

両膝を腰幅に開いて
90度に曲げて立てる。

腹直筋《ふくちょくきん》

肋骨の下部から恥骨にかけて伸びる一対の筋肉。左右両側の腹直筋が働くことで腰椎が曲がり、肋骨と恥骨の距離が縮まる。左、または右のどちらかだけ働くと腰椎が左右に曲がる。

腹直筋トレ ➤ Level 3

クランチ

2

背中を丸めながら、
左右の肩甲骨を
床からはがすように起き上がり、
ゆっくり元に戻る。

POINT!!

負荷DOWN ➤

首が痛くなる人、肩関節が硬くて腕が上げられない人は、タオルを使って引き上げる。

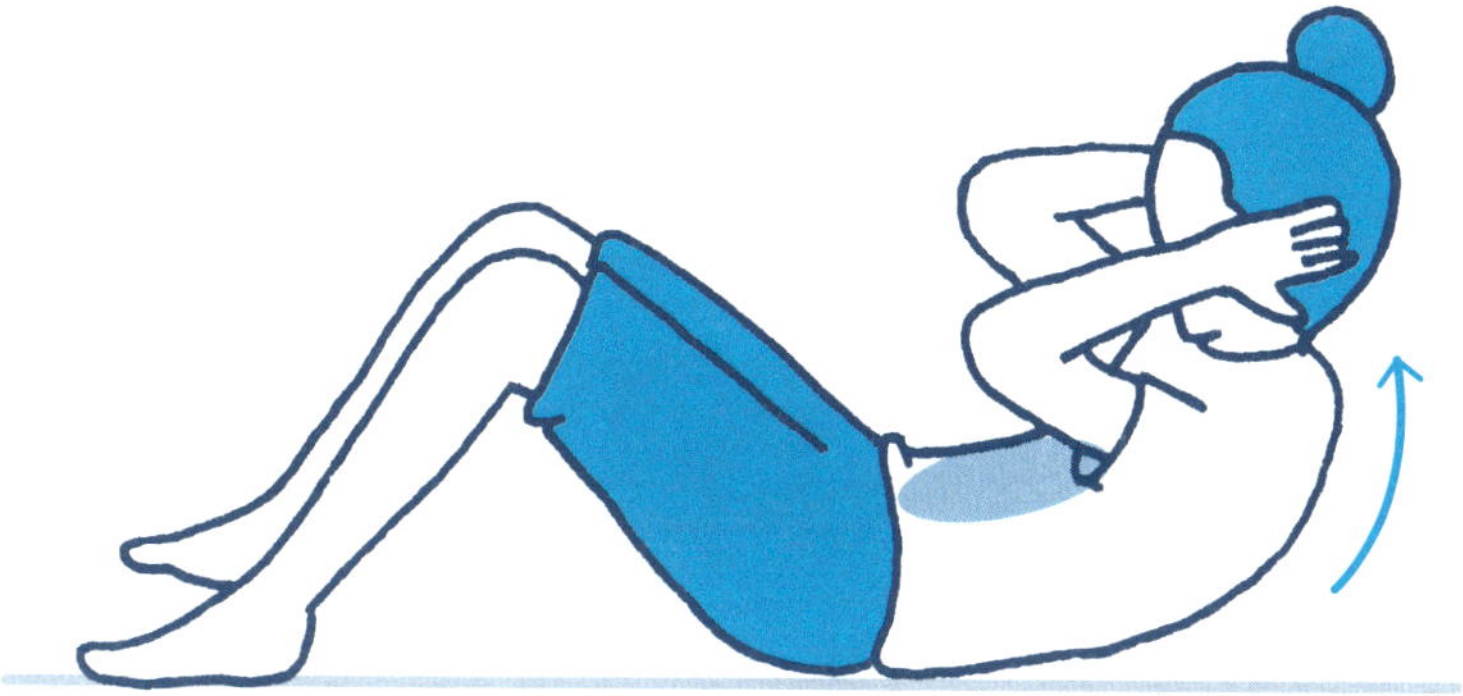

○

スタート時に腰のアーチをつぶして床につける。

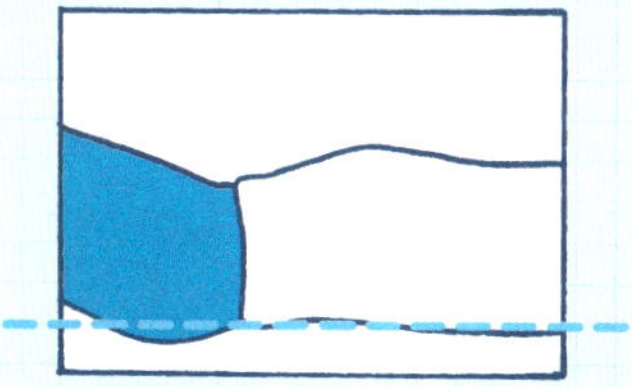

×

腰が反ると、反動を使いがちで腰の負担になる。

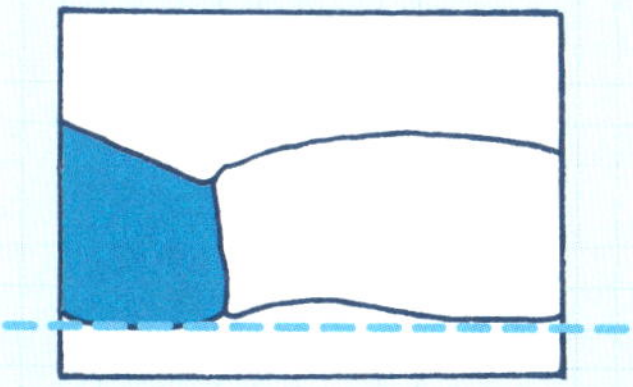

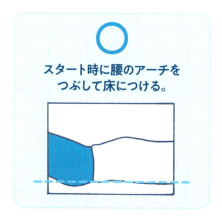

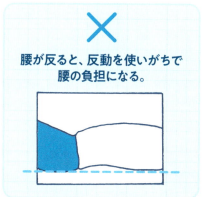

LIFE STYLE ▶▶ 1

割れた腹筋づくりとからだ起こしには、縦の筋肉

腹直筋にはおなかを凹ませたり、コルセットのように腰椎を保護する役割がない代わりに、上体を起こしたり反らせたりするという重要な役割があります。

からだを後ろに反らせたとき、腹直筋がないとそのままバタンと倒れてしまいます。また、朝起きてふとんからからだを起こすときにも、腹直筋がなければ起き上がれません。

ということは、スポーツにも腹直筋を活用する機会はたくさんあります。たとえば、テニスのサーブの動作では、ボールをトスして、上体を反らせてから、その反動を使ってボールに強いインパクトを与えます。このときは、腹直筋に大きな負荷がかかっています。つまり、テニスプレイヤーにとって腹直筋は必要不可欠な筋肉です。もちろん、腹直筋だけ鍛えるのは、トイレットペーパーの芯がぐにゃぐにゃの状態で、前面の粘土だけを補強するようなもの。ですから、**インナーユニットをしっかり鍛えながら、プラスして腹筋運動をするのが有効といえます。**

腹直筋が低下している人は、ちょっとからだを反らせただけで転倒しやすいので、ケガをするおそれもあります。本書を読んだ方が、スポーツクラブなどで腹直筋の指導をされたとき、「おな

かが凹むわけではないし、優先順位が低いのになぜ私に腹直筋をやらせるの？」と思われるかもしれません。それはおなかを凹ませるためのメニューではなく、今後の人生や生活動作を考え、必要と判断したから取り入れていると考えられます。

割れた腹筋をつくりたいときは

腹直筋を鍛えると、1～2㎝程度筋肉が隆起します。見た目にもおなかが割れてくる効果があります。ただし、皮下脂肪が厚い状態で、腹直筋をトレーニングしても、いつまで経っても筋肉が見えないということがあります。体脂肪率が30％近くあっておなかの出ている人が腹筋運動をしても、焼け石に水です。皮下脂肪が多い人は、その皮下脂肪を落とすことが先決です。

細身の男性アイドルが服を脱いで、割れた腹直筋を見せることがありますが、あれは腹筋運動をしているからというより、単純に皮下脂肪が少ないからです。どんな人でも、**皮下脂肪を全部そぎ落としていけば、もともと腹直筋は構造上「割れて」います。**あくまでも、皮下脂肪をそいだうえで、腹筋運動をすると腹直筋が隆起するということです。

LIFE STYLE ▶▶ 2

姿勢の崩れは、コアユニットの衰えから

ねこ背に悩む人は、姿勢をよくするために背筋を伸ばそうとすることがあります。たしかに、意識的に背筋を伸ばすと姿勢がよくなったように見えます。子どものころから、学校や家庭などで「背すじを伸ばしなさい！」と言われて育ってきた影響も強いでしょう。しかし、長時間背筋を伸ばし続けると、どうしても疲れます。背筋を伸ばすときには、主にからだの表面近くにある筋肉が使われますが、**筋肉量が低下していると、無理やり筋肉の力で姿勢を保とうとしても無理があります。**

上半身の姿勢を保つうえで、コアユニットが果たす役割は大きなものがあります。コアユニットがしっかりしていれば、当然姿勢も崩れにくくなるので、ねこ背にもなりにくいのです。

肩甲骨を内側に寄せる

コアユニット以外にも重要な要素として、「肩甲骨《けんこうこつ》の位置」があります。肩甲骨は、文字どおり肩にあって他の骨とつながっている面積がせまく、宙に浮いたような状態にあります。通常、肩甲骨の内側は背骨から5～6㎝の場所に位置しています。

デスクワークなどで前傾姿勢をとり続けていると、肩が前に出

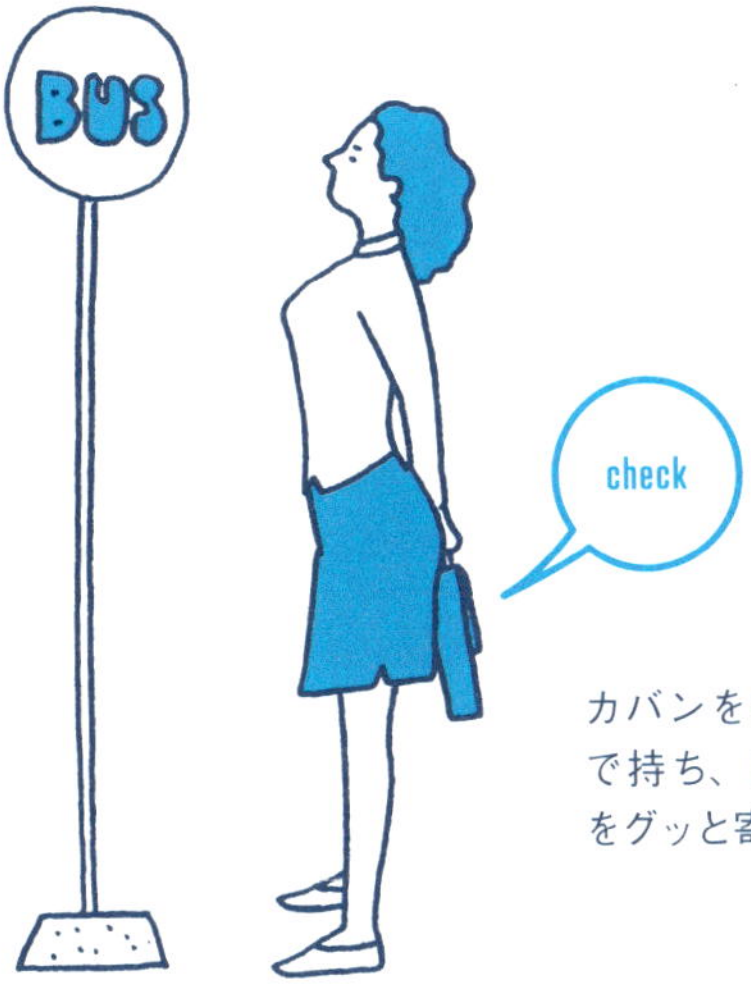

カバンを後ろ手で持ち、肩甲骨をグッと寄せる。

てきて背中が丸くなります。背中が丸くなっているとき、肩甲骨は背骨から離れて外側に開いています。肩甲骨が外側に開いてしまうのは、**背骨と肩甲骨を結ぶ筋肉が弱まっている**からです。背骨と肩甲骨を結んでいるのは、菱形筋《りょうけいきん》です。文字どおり菱形《ひしがた》の形状をしており、懸垂《けんすい》運動などをするときに使われる筋肉です。また僧帽筋《そうぼうきん》も、肩甲骨を内側に保つうえで重要な役割を果たします。

　これらの筋肉を鍛えることで、外側に開いていた肩甲骨は内側にある程度引き寄せられていきます。**肩甲骨が内側に寄ると、背中の丸みも解消され、ねこ背にもなりにくくなります。**

　日常生活の中で、肩甲骨を内側へ寄せるコツがあります。たとえばカバンを後ろ手で持ち、肩甲骨を寄せるように意識します。また、片手でカバンを持ち、もう一方の手は机の上についた状態から、肩甲骨を引き上げるイメージで、カバンを持ち上げます（からだは少し前傾した状態で行いましょう）。

　コアユニットを含めた筋肉の強化が、ぽっこりおなか、ねこ背の解消には不可欠です。筋トレを行ったうえでのいい姿勢を維持するときは、いつも「下を向かないこと」を意識してください。いい姿勢と、下を向いているうつむき姿勢は両立しないからです。

LIFE STYLE ▶▶ 3

ビールを飲んでもぽっこりおなかにはならない

お酒好きな人の中でも、とくにビール党の人は、おなかが出るのを心配することが少なくありません。「ビール腹」という言葉もあるように、ビールの飲みすぎがぽっこりおなかをつくるというイメージが強いようです。「ビール腹」の語源は、ビール樽のように前にも横にもおなかが出っ張っている状態を指し、飲んだビールがどうこうというわけではありません。

ビールのレギュラー缶（350㎖）に含まれるカロリーは、銘柄にもよりますが、およそ140～180㎉。飲んだ分だけ、そのカロリーを摂取することになります。しかし、通常はビールだけを飲み続けるわけではなくて、同時におつまみを食べているはずです。ビールを飲むと食が進み、ついついフライドポテトや焼き鳥などの高カロリーで塩気の多いおつまみに手が出てしまいます。

おつまみを食べすぎると、摂取するカロリーが過剰となり、**内臓脂肪として蓄積されていきます。**これがぽっこりおなかの本当の原因というわけです。

当然、ビール以外のお酒でも、アルコールだけでなくおつまみを過剰に摂取していたら、その摂取カロリーと1日の食事の総摂

取カロリーが、1日の総消費カロリーを上回ればカロリーオーバーとなりおなかが出てくるのは当然です。

筋肉量が減ると下半身と上半身のバランスが崩れる

そしてもっと怖いのは、**お酒を過剰に飲む習慣があると、全身の筋肉量が減少しやすい**という事実です。これは科学的にも証明されています。

筋肉は、太ももやお尻など、下半身の大きな筋肉から減少していきます。ですから、低筋力になっている人は、おなかはぽっこりしているのに足腰はやせ細っているという、見た目にもアンバランスな体型になりやすくなります。

下半身に負担がかかるので、上半身と下半身のバランスが大きく崩れてしまい、股関節や腰椎に負担がかかって椎間板ヘルニアになり、さらに胸椎と頸椎の湾曲も崩れ、さまざまな弊害をもたらすことになりかねません。

過度な飲酒や暴飲暴食、バランスの悪い食生活は、体幹を鍛える以前の問題ですから、くれぐれも注意してください。

フルマラソンをするなら、40km以上走れるだけの体幹をつける❶——体幹の強さの違い

私は大学の陸上部を指導していますが、箱根駅伝にも出場するような大学ともなると、全国から選抜された優秀な選手が集まってきます。彼らは、トップレベルのランナーと呼ぶにふさわしい実力を持っています。

ただ、「トップレベルにある」といっても、体幹が強い選手もいれば弱い選手もいます。

一般的によくいわれることですが、ランナーの写真を撮れば、体幹が強いか弱いかが一目瞭然です。体幹の弱い選手の写真を撮ると、頭部がブレて写りやすいからです。

同様に、たとえば40人の部員が全員一列になってトラックを走っている様子を見ると、体幹が強いか弱いかは非常にわかりやすくなります。体幹が強い選手は、頭と胴体がずっと安定しています。しかし、肩と骨盤は回旋し、それに手・脚が連動して振られ推進力を生み出します。からだの軸は常に安定しているので、からだそのものは止まっているように見えます。

一方で、体幹が弱い選手は、走っているうちに頭の位置がブレてきます。一人だけ見ていてもよくわからないのですが、体幹が安定している選手の中に交じると、ブレている様子が手にとるようにわかります。その違いは、新人トレーナーでもすぐに指摘できるくらいに明らかです。

興味深いのは、走り始めて5kmくらいまでは40人の部員が安定した姿勢で走り続けているのですが、6kmを過ぎたころからしだいに差が見られるようになってくるところです。ある選手は10kmを抜けたころからブレ始め、またある選手は15kmを過ぎたらブレ始める、という具合です。

ということは、どれだけ体幹が強化されているのか、走行中に維持できるのかは、選手によってバラバラなのです。

PART 4 体幹トレでおなかを凹ませる②

最後のプレーは最高だったな！

おう。

最近、動きがよくなったんじゃないの？

そういえば、最近ケガもしなくなったな。前は足首を痛めて長期離脱なんてこともあった。

普通の練習だけじゃなく、体幹トレーニングを続けたのがよかったのかな

実は！
体幹を鍛えることは、
動作の安定につながります。
マイペースで運動を
続けていきましょう
ホー

Introduction

アウターユニットを強化する Level4～5

骨盤の歪みやお尻が大きくなるのは、腹横筋の衰えから

腹横筋は、肋骨から骨盤の左右にある腸骨の縁までを覆い隠すように取り囲み、骨盤が広がるのを抑える役割も果たしています。ですから、腹横筋が衰えると当然のように骨盤が広がってきます。この状態を骨盤の「アウトフレア」といいます。

女性が出産するときに、骨盤が広がるのが典型的な例です。出産経験のある女性読者の方には、「骨盤を締めてください」とアドバイスを受けた経験があるかもしれません。これは、アウトフレアを解消しましょうという意味です。よく耳にする「骨盤が歪む」という表現も、アウトフレアを指したものであり、正確には骨盤自体が歪んでいるのとは異なります。

アウトフレアは、とくに骨盤の幅が広い女性に起きやすい症状です。アウトフレアになると、腹部の内臓の位置が下がります。内臓脂肪が少なくても、下腹がぽっこりと出ているように見える場合もあります。骨盤が広がることでお尻が大きくなっていくことがあります。いずれも解消するには、腹横筋を鍛えてあげるのが一番です。

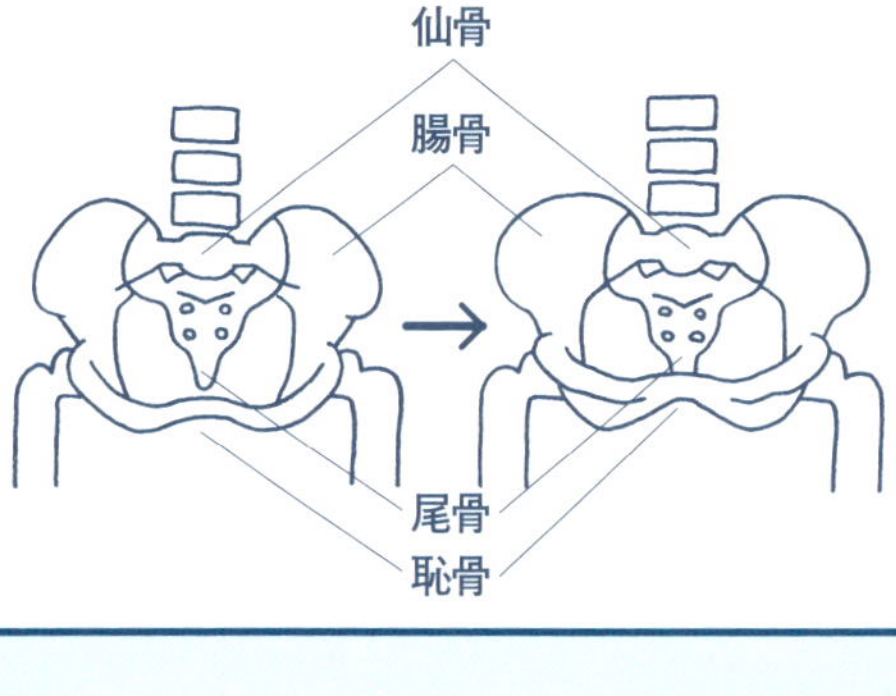

骨盤のアウトフレア

腹横筋が衰えると骨盤が広がっていく。骨盤が広がるとお尻が大きく見えたり、腹部の内臓の位置が下がるので下腹部がぽっこりして見えたりする。

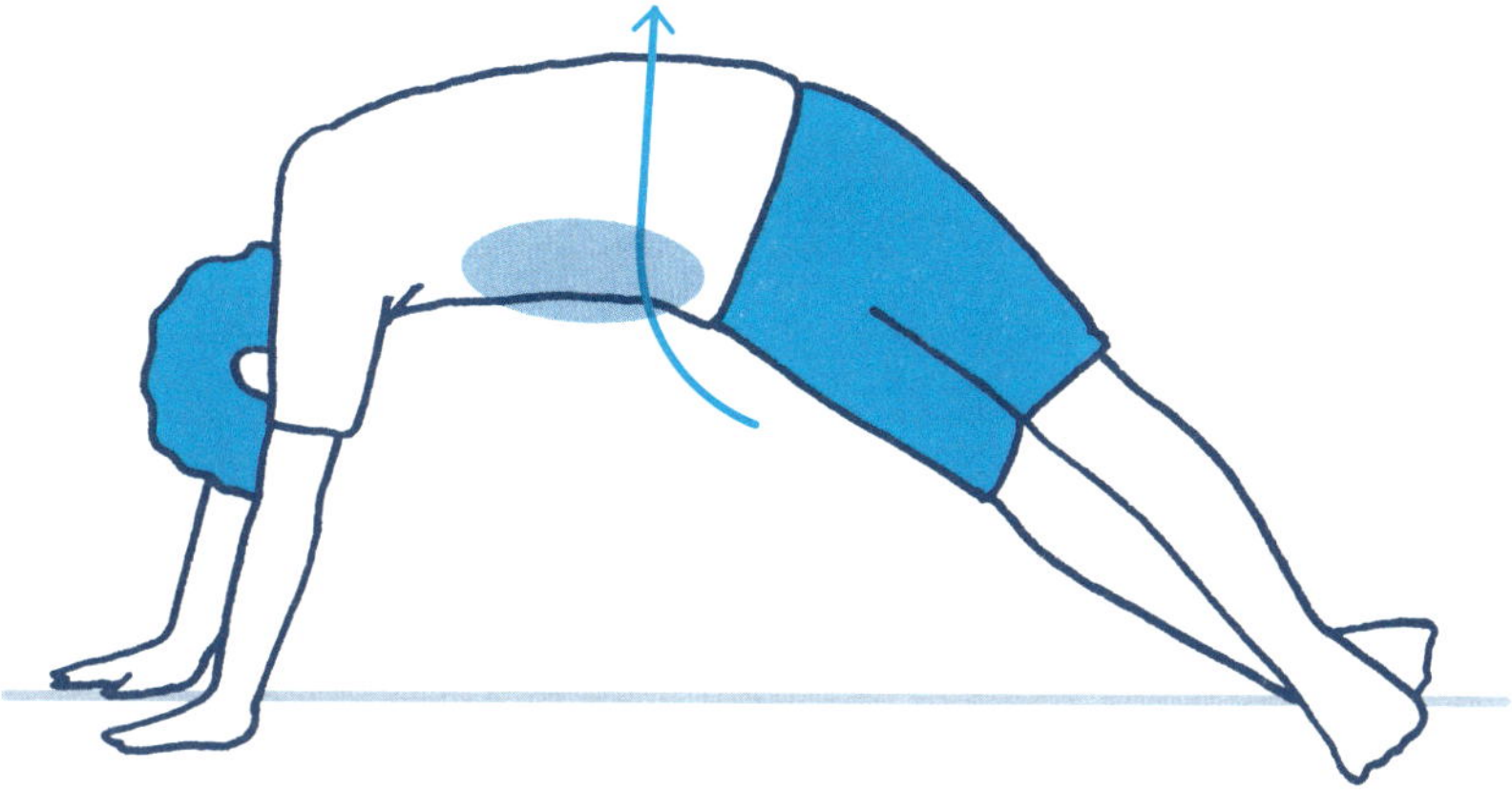

腹筋群をトレーニング

PART3の体幹トレから、さらにステップを進めて、腹直筋、腹斜筋群、腹横筋を鍛えます。

◎回数は自分のレベルに合わせて行います。
◎縦トレ（腹直筋）と横トレ（腹斜筋群、腹横筋）を1つずつLevel4から始め、余裕でセットをこなせるようになったら、Level5へ進みます。

Let's Start!

腹斜筋トレ

Level 4

ハーフツイスティングシットアップ・with チェア

左右各10～20回　2~3セット

腹斜筋《ふくしゃきん》

外腹斜筋と内腹斜筋からなる。外腹斜筋は、肋骨上部から腸骨に伸びる筋肉。腰椎を曲げるときに腹直筋に協力する。内腹斜筋は、外腹斜筋の深層にあり、外腹斜筋と直交するように筋線維が伸びている。

Start Position

椅子に横向きに座る。

1

左足を床につき、
右脚を床と平行にまっすぐ伸ばす。
右手で背もたれをつかみ、
背中を丸めて上体を後傾させて
バランスをとる。

2

右脚を曲げて手前に引き寄せ、
上体を右へひねり
左肘で脚をタッチする。
ゆっくり元に戻る。

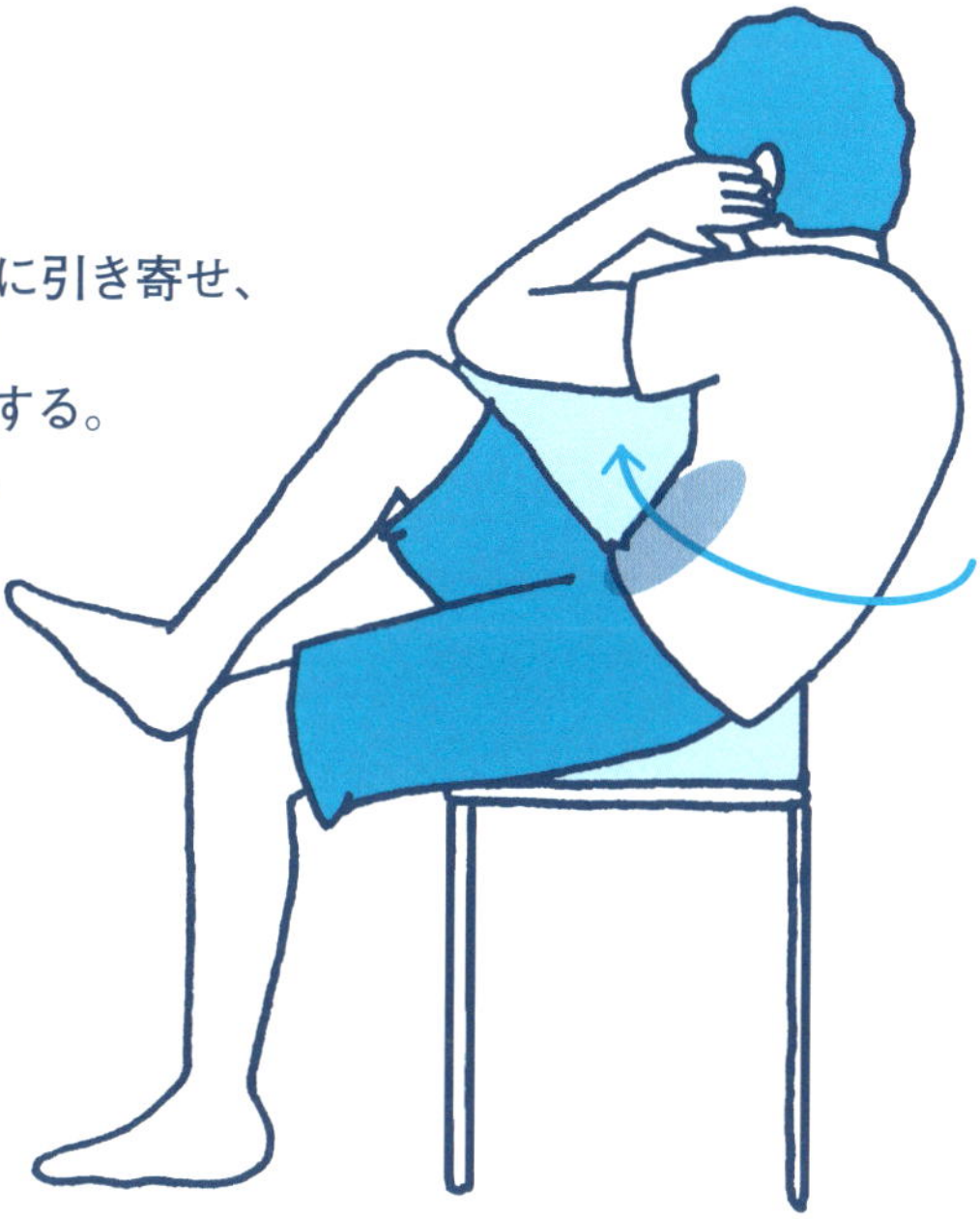

3

左右を交互に行う。

✕ 背中をまっすぐにしない

スタート姿勢では、必ず背中を丸めておきます。背中がまっすぐになると、背筋が緊張してしまいます。

✕ 両脚を上げない

片足を床につけたほうが体幹の可動域が広くなり、深くひねって腹筋を強く刺激できます。

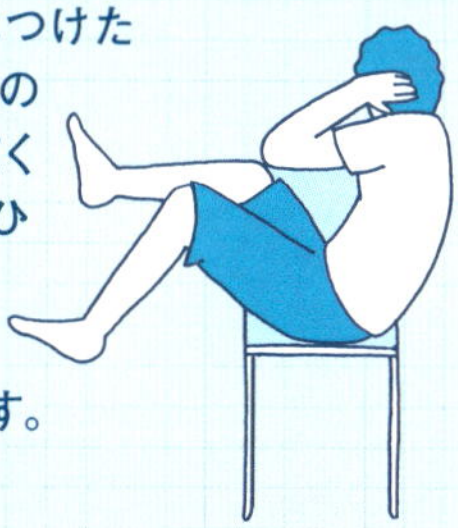

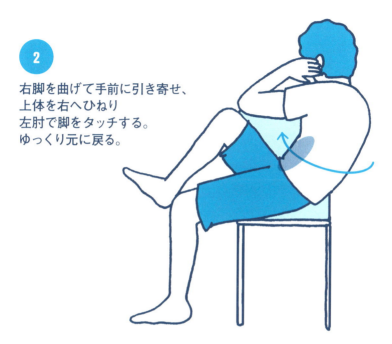

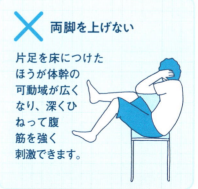

腹斜筋トレ

Level 5

サイドバキューム

左右各5～10回　2~3セット

Start Position

右向きで床に横たわる。

1

左足を前へ出して両脚を揃える。
右手を肩の真下に、
左手を前につく。

腹斜筋《ふくしゃきん》

外腹斜筋と内腹斜筋からなる。外腹斜筋は、肋骨上部から腸骨に伸びる筋肉。腰椎を曲げるときに腹直筋に協力する。内腹斜筋は、外腹斜筋の深層にあり、外腹斜筋と直交するように筋線維が伸びている。

2 左側の骨盤が上から吸い上げられるように、腰を弓なりに高く上げて戻る。

CHALLENGE!
負荷UP▲
物足りないときは、腰を高く上げたときに前の手を離してバランスをとると強度が上がる。

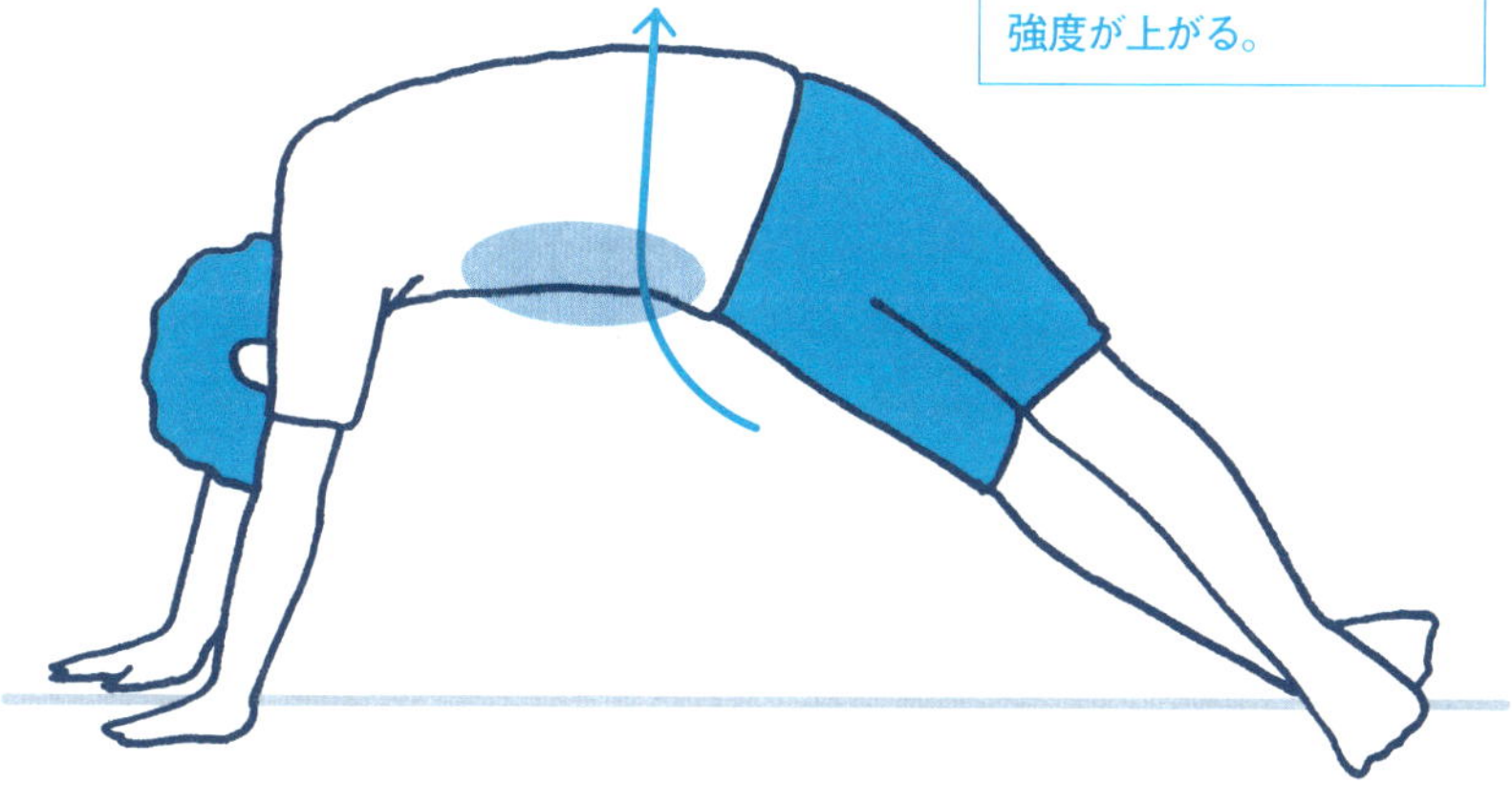

3 左右を交互に行う。

×

骨盤は床と平行にしない

横向きのまま骨盤を引き上げるのがポイント。骨盤を床と平行にからだがたおれすぎないようにしましょう。

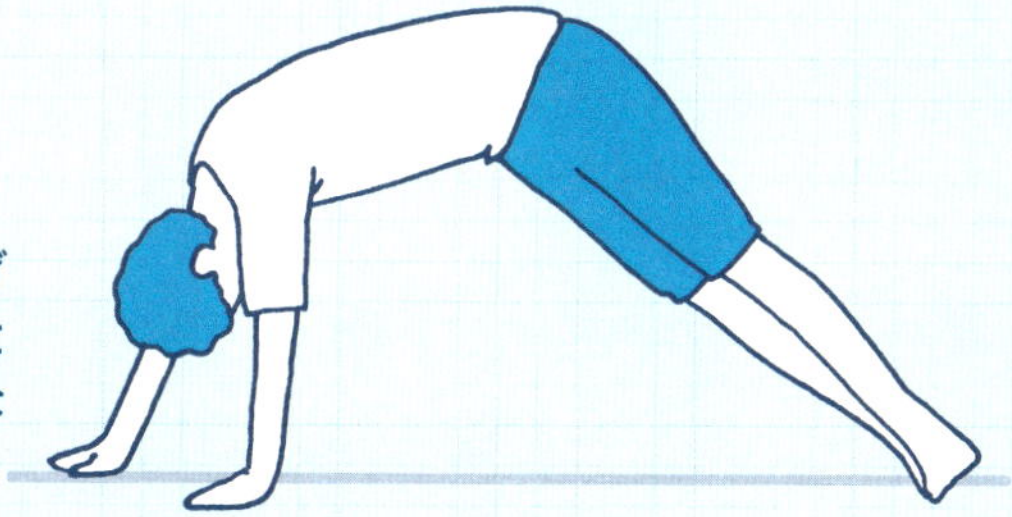

腹直筋トレ

Level 4
クランチ＆レッグエクステンション

10〜20回　2~3セット

Start Position
床で仰向けになる。

1

両膝を揃えて90度に曲げ、
太ももを床と垂直にする。

腹直筋《ふくちょくきん》

肋骨の下部から恥骨にかけて伸びる一対の筋肉。左右両側の腹直筋が働くことで腰椎が曲がり、肋骨と恥骨の距離が縮まる。左、または右のどちらかだけ働くと腰椎が左右に曲がる。

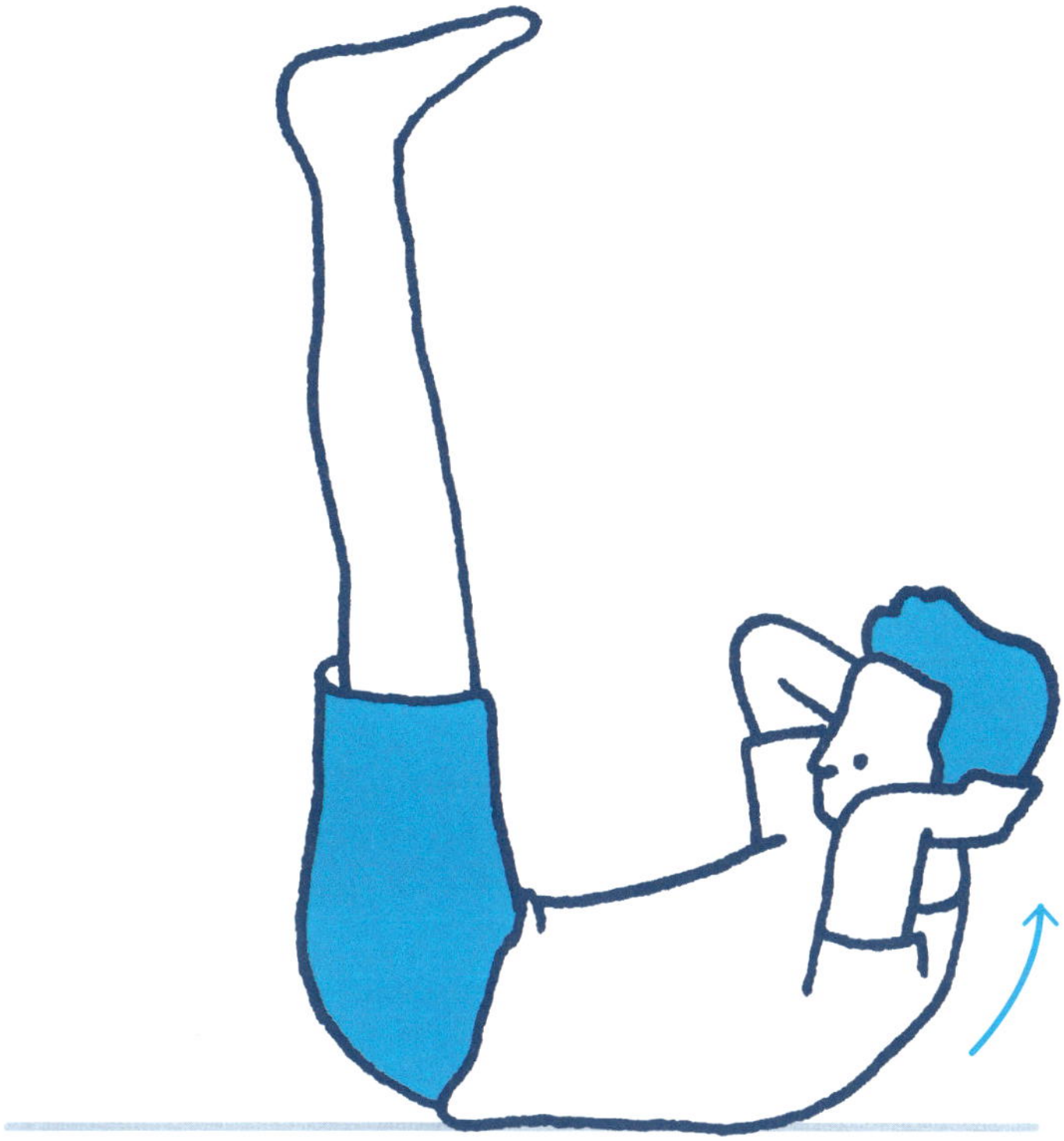

2

膝を伸ばしながら、
背中を丸めて肩甲骨を
床からはがすように起き上がり、
ゆっくり元に戻る。

CHALLENGE!

負荷UP

両脚にバランスボールを挟んで同じようにトレーニング。ボールの重さで負荷がアップする。

腹直筋トレ

Level 5

Vダウン

10〜20回　2~3セット

Start Position
床で仰向けになり、
両膝を揃えて
床と垂直に
上げる。

1

膝を軽く曲げ、
両手を頭の後ろに
添えて、
背中を丸めて
上体を起こす。

✕ 両脚を下ろしている間に上体を下げない

上体を起こした姿勢はずっとキープ。
腰のアーチはつぶします。

腹直筋《ふくちょくきん》

肋骨の下部から恥骨にかけて伸びる一対の筋肉。左右両側の腹直筋が働くことで腰椎が曲がり、肋骨と恥骨の距離が縮まる。左、または右のどちらかだけ働くと腰椎が左右に曲がる。

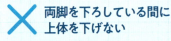

V ダウン

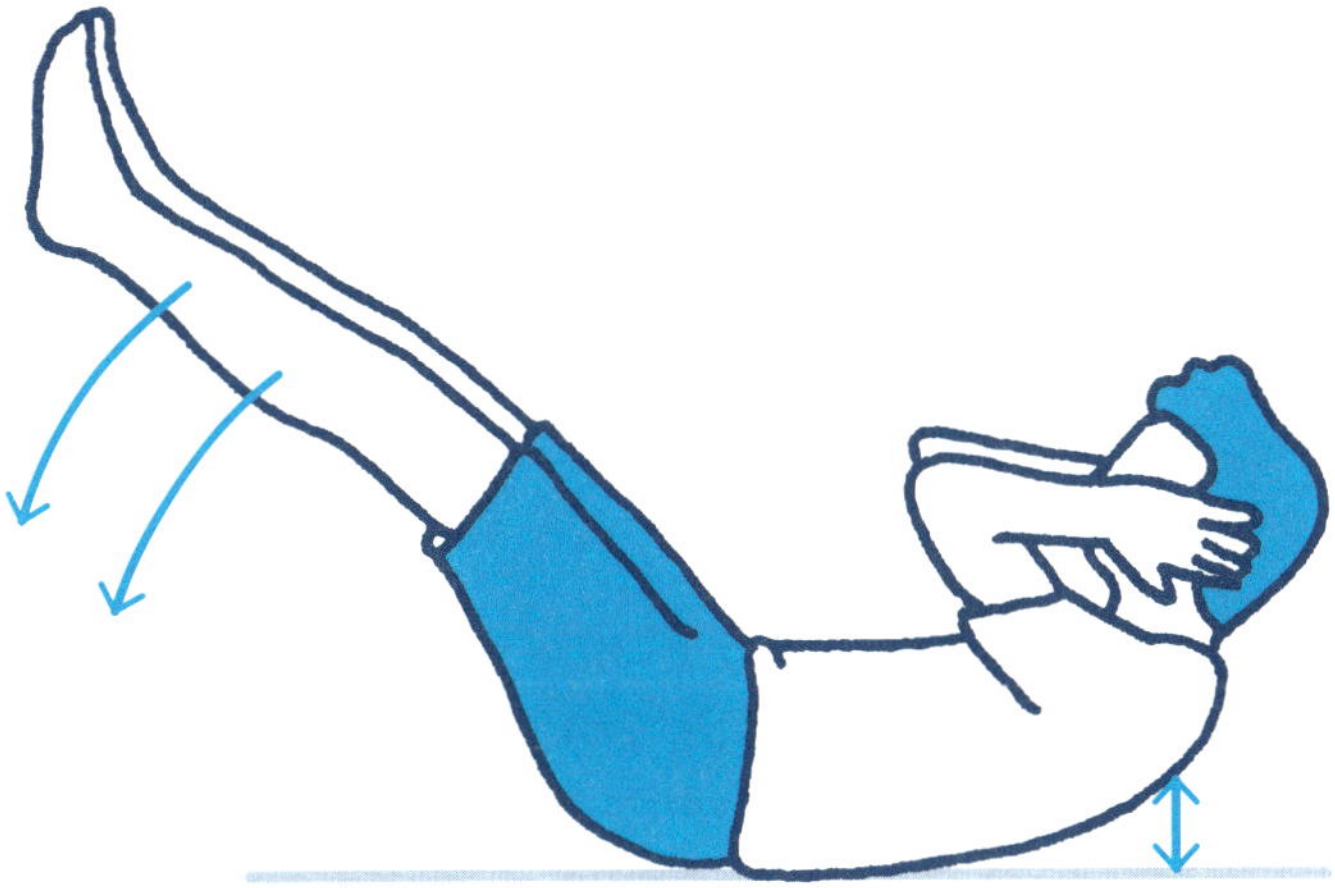

2

上体の姿勢を保ったまま、
膝の角度を変えないで
徐々に両脚をゆっくり下ろす。

3

かかとが床につく
すれすれで止めて、元に戻る。

CHALLENGE!

負荷UP▲

基本フォームでは物足りないと思ったら、バランスボールを両脚の間にはさんで行う。

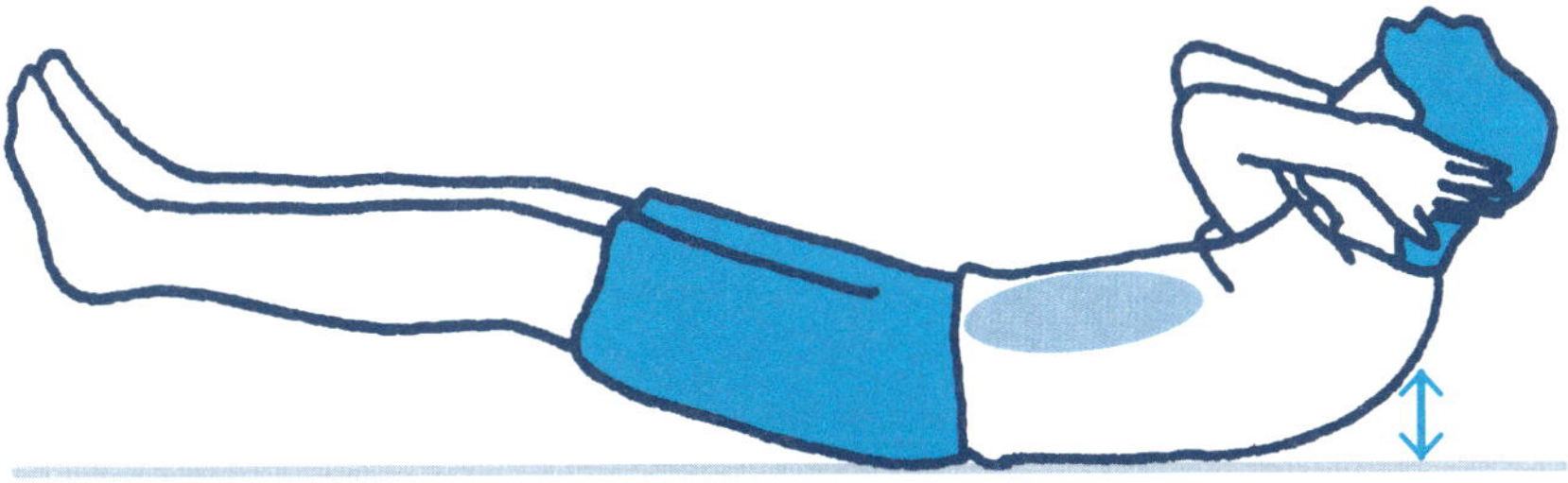

LIFE STYLE ▶▶ 1

ツールを使うと、腹横筋を感じやすい

体幹トレーニングは自重で行うものが多いのですが、**ツールを使って動作を意識しやすくする**方法がとられることもあります。

代表的なものに、バランスボールやバランスボールミニ（直径約20〜25㎝の小さなバランスボール。スモールボールともいいます）があります。バランスボールと比較的似ているものに、ムービングディスク、バランスディスクなどもあります。文字どおりディスク状をした空気入りの座布団のようなもので、座ると前後左右に動くためバランスよく座るために体幹を意識できます。デスクワークで座布団代わりに使う方法が一般的ですが、ディスクに立ったり、片足で乗ってバランスをとったり、膝立ちしてバランスをとったりするなどのトレーニングもあります。

また、腰に巻くことで体幹を意識できる体幹ベルトも商品化されています。体幹ベルトを巻いて腹横筋を意識するとベルトは外れることはないのですが、腹横筋が緩まるとベルトも外れてしまいます。

他にも、マシーンピラティスで用いるリフォーマーなどがあります。また、天井などに紐状のサスペンションバンドを取りつけてエクササイズを行う、ＴＲＸと呼ばれるツールもあります。

LIFE STYLE ▶▶ 2

体幹が安定すると、フォームが変わっていてもロスが少ない

医学や生理学の進歩によって、トレーニング理論は日々進化しています。そして今、私たちトレーナーの間で主流となっているのは、**選手の固有なフォームを尊重する**という考え方です。

マラソンランナーもテニスプレイヤーも、ある程度競技のキャリアを積んできた人は、程度の差こそあれ、自分なりのフォームを習得しているものです。たとえば、マラソン競技の中継などを見ていると、集団で走っている選手たちの中に、一方の肩を落として頭も傾けた状態で走っている選手を見かけることがあります。こうした独特なフォームをしている選手は、以前なら矯正したほうがよいという考え方が主流でした。力学の観点からいえば、一方の肩を落とすというのは効率が悪い走り方だからです。

CGで解析すれば、人間にとって最も力の伝わりやすい理想のランニングフォームははっきりしています。つい数年前までは、選手の動作をコンピュータで分析して、理想のフォームと照らし合わせて修正する取り組みが主流となっていました。最も効率のよいフォームにすれば、パフォーマンスが向上するのは当然だと思われていたのです。

独特なフォームをしている選手は、誰かに指導されてそのフォ

ームを身につけたわけではありません。意識するにせよ、しないにせよ、そのフォームが自分に最適だから身につけたはずです。

では、なぜ最適なのかといえば、そのフォームを導くような骨格ができあがっているからです。骨格を形成しているのは、筋肉のバランスです。つまり、筋肉のバランスの不均衡が独特のフォームを生んでいたというわけです。

現在は、骨格の形成には個性があると認めたうえで、あえて筋力の均衡をめざすのではなく、その**骨格にとって理想の筋肉バランスがとれるようにトレーニングをするようになっています。**

体幹と安定したフォームの関係

実際に私が見る限り、トップアスリートになればなるほど、特殊なフォームをしているものです。プロ野球を見ていても、選手によってバッティングフォームやピッチングフォームは多種多様です。メジャーリーガーとして活躍した野《の》茂《も》英《ひで》雄《お》さんのトルネード投法などは、最たるものでしょう。

特殊なフォームは、理論上は不利といえるのですが、現実には特殊なフォームをしているからこそ、トップアスリートとして君

臨している選手がたくさんいます。彼らのフォームを理論的に効率が悪いからといって無理に矯正しようとすると、かえってパフォーマンスが低下してしまいます。

ですから、私たちトレーナーには、その選手がどのような特殊なフォームをしているかを見抜く力が問われます。選手の個性的な動作を見抜いて、その動作に合うトレーニングメニューを考えます。ただし、独特なフォームを尊重するといっても、そのフォームによってケガや疾患などの何らかの弊害が起きているときは別です。これは、フォームに何らかの問題があるということですから、改善を検討することになります。このときも、現在のフォームをあまり変えないようにしつつ、痛みを起こさないような筋肉バランスをめざしていきます。

ここで大切なのは、**体幹が安定してこそ、どんな特殊な動作も可能になるということ**。体幹の弱い人が特殊な動作をしても、今以上パフォーマンスが向上するのは難しいですし、ケガの危険性もつきまといます。つまり、体幹を鍛えているということは、動作が安定しているということであり、必ずしも、きれいなフォームになるということではないのです。

LIFE STYLE ▶▶ 3

「坐骨」で座って腰痛予防

腰痛になるのは、腰椎が本来のナチュラルカーブを失うことが原因であるとお話ししました（↓45ページ）。とくに、デスクワークなどで長時間座っていると腰が痛くなるという人は、座り方が悪いために、腰椎のナチュラルカーブを崩している疑いがあります。

腰痛を予防するための座り方として大切なことは、**坐骨《ざこつ》を意識して座る**ことです。両方のお尻と脚の境目を押すと、左右にぽこっとした骨があるのがわかります。これが、骨盤の一番底に位置する坐骨です。座るときは、坐骨に体重を乗せるようにして坐骨を座面につけるようにしてみましょう。

疲れているときは背中も丸まり、仙骨を座面につけて座りがちです。仙骨とは、骨盤の中心にあり背骨を支えている骨です。お尻の割れ目の少し上を触るとごつごつした骨があるのがわかります。これが仙骨です。**仙骨が座面についているときは、骨盤が後ろに傾いている**証拠です。この座り方を続けていると、腰椎のカーブも崩れるので当然腰痛の原因ともなります。

仕事で長時間座る必要がある人は、椅子選びも大きなポイント。オフィスによっては、人間工学に基づいてデザインされた椅子を

使っているところもあります。こうした椅子は、腰への負担も少なく長時間座っても疲れにくいのが「セールスポイント」となっています。

たしかに、腰椎のカーブを崩さず、過剰な負担がかからないように設計されているのですが、それに頼り切ってしまうと、**正しい腰椎のカーブを維持するための筋肉が衰えてしまい、必要な筋力を保てなくなります**。これは、腰痛の際、コルセットに頼りすぎていると、腰まわりの筋肉が衰えてしまうのとよく似ています。椅子もコルセットも、からだがラクだからといって頼りすぎないように注意してください。

オフィスでは、普通の椅子に座り、きちんと左右の坐骨がついているかをときどきチェックしてみましょう。

椅子に座るとき、バランスボールミニ（スモールボール）を背もたれと腰の間にはさむのもおすすめです。自然と骨盤が起きて、腰椎のナチュラルカーブを維持したり、取り戻したりすることができます。慣れないうちは普段使っていない筋肉を使うので、疲労感や筋肉痛を感じることがあります。そのようなときは、一度ボールを外して座り、時間をおいてから再び試してみてください。

やわらかいソファに要注意

やわらかいソファに長時間座る習慣を持っている人も、腰痛になりやすい傾向があります。やわらかいソファに腰を下ろすと、重みによって腰が沈み込みます。必然的に背中と腰が丸くなり、仙骨で座ってしまいがちです。

この状態で食べたり飲んだりすると、上体をかがませることにもなるので、腰にかかる負担はますます大きくなります。ソファに長時間座って映画を観ていたら、腰が痛くなったというのは、からだのしくみを考えると非常に理にかなっているのです。

「1日の終わりにソファでテレビを観るのが好き」な人は、大切なストレス解消の時間といえます。ソファを使うのをやめるのではなく、「**坐骨で座ることを意識する**」「**座る時間の限度を決める**」などの工夫をしてみましょう。あるいは、ソファには座らずに横になって過ごすという方法もあります。横になれば、椎間板への負担は軽減しますので、腰痛予防にもなります。

理想をいえば、ソファを購入するときにやわらかい素材のものではなく、硬めのものを選ぶとよいでしょう。

LIFE STYLE ▶▶ 4

時間が経つと筋肉は再び緊張する

マッサージへ行くと、筋肉の緊張がほぐされます。施術を受けた後は、からだがラクになったり腰痛がやわらいだりします。

病気の治療行為を「手当てする」と表現しますが、これはもともと文字どおり「手を当てる」行為に由来しています。科学的な根拠はともあれ、人の手をからだに当ててもらうと、ぬくもりを感じ、安心したり心が落ち着いたりする人もいるでしょう。だからこそ、古来、人は手当てを治療行為として認めてきたのでしょう。

腰痛の原因の一つにストレスがあると、お話ししました。マッサージを受けるとリラックスできてストレスが解消されるのなら、有効な治療法として活用する価値はあります。

ただし、マッサージを受けて筋肉の緊張がほぐれても、時間が経てば筋肉は再び緊張します。腰痛を起こしにくいからだをつくるのであれば、やはり腹横筋などのコアユニットを鍛えておくことが大切です。

腹横筋を鍛えて、肉体のコルセットを装着すれば、その効果は筋肉がある限り続きます。体幹トレーニングを行ったうえで、ストレス解消のためにマッサージを利用するのがおすすめです。

Column 4

フルマラソンをするなら、40km以上走れるだけの体幹をつける❷——どれだけのトレーニングが必要か？

その選手に必要な体幹の強さは、その選手が競技で走る距離によって違ってくるということです。1万ｍの選手であれば、10km分の体幹を持っていればいいですし、フルマラソンの選手であれば、40km以上持続する体幹を持っている必要があります。

つまり、競技に必要な体幹ができていない選手は、体幹を強化するトレーニングをしなければなりませんが、すでに体幹が強化されている選手はそれ以上強化しなくてもよいという判断ができるのです。

私が大学の陸上部員を見ていても、「この選手は、すでに十分な体幹があるから、これ以上体幹トレーニングをしなくてもいい」と思うことがあります。

箱根駅伝に出場する選手が走るのは、1区間20km前後です。そうしたら、20km分の体幹がない選手だけが体幹トレーニングに取り組んで、それ以外の選手は、体幹トレーニングをするヒマがあったら違うストレッチや筋力トレーニングをしてほしいというのがトレーナーの本音ではありますが、大学のトレーニングでは、補強トレーニングという時間に全部員が体幹トレーニングに取り組むのが原則です。

少し話がそれましたが、本来、必要な体幹というのは、人によって違って当然です。フットサルで40分プレーできる体幹がほしいという人は、競技の特性に応じた体幹の強化が必要ですし、フルマラソンに挑戦したいという人は、フットサルの選手とは別の方法で体幹を鍛える必要があるでしょう。

トレーニングのレベルや種目については、トレーナーに相談してみるのもよいでしょう。少なくとも、ひたすら体幹を鍛え続ければよいわけではないのです。

PART 5 食事で体幹トレの効果を上げる

僕は
水
ドッ
水を飲んでやせる
って聞いたので試してるんだけど
えー、水、それ本当？
でも、ダイエットしてるとおなか空くし、集中力なくなるんだよなー
わかる、わかる ボクもボーッとしてるときある

カロリーコントロールは
大切ですが……
無理な方法では挫折しますし、
間違った方法は逆効果になることも
上手にやせる
とっておきの方法を
ご紹介します。

カロリーを自然にコントロールできる「1日14品目法」

これまでお話ししてきたように、体幹トレをしても、摂取するカロリーが消費するカロリーを上回っている限り、ぽっこりおなかを解消するのは不可能です。蓄積されてしまった体脂肪を減らすには、カロリーコントロールが欠かせません。このパートでは、健康的にカロリーコントロールする方法をご紹介します。「自分にもできそう」と思える方法を試してみてください。

一つは、「**1日14品目法**」という方法です。その名のとおり、1日14品目をとるという食事法です。1日の中で、1品目ずつ（1回のみ）とります。ただし、ご飯やパンなど穀類は1回のみに限定しなくてもよしとします。

1日の中で1回食べた食品は2回とることはできません。お昼にトンカツを食べたら、夜に肉料理は控えます。このルールを守っているだけでも、自然と摂取カロリーを抑えられ、栄養バランスも整います。また、「朝食にコーヒーとチョコレート」「ランチはおかずパン」などという人は、1食で食べる品目が少ないので、いろいろな食品を口にするために食事のメニューを変えるはずです。これまで朝食をとる習慣がなかった人も、3食でまんべんなく14品目を目安に摂取したほうがいいと気づく機会になります。

1日14品目法

たとえば、朝食にパンと目玉焼き、牛乳、リンゴを食べたとします。この場合、穀類と卵、乳製品、果物の4品目をとったことになります。この時点で、1日に食べる残りの品目は10品目です。

ランチは、焼き魚定食を食べました。定食の内容は、ご飯、焼き魚、キャベツのサラダ、ドレッシング、わかめの味噌汁。穀類、魚介類、淡色野菜、油類、海藻類で4品目をクリアしたことになります。残りは6品目。

夕食には冷や奴とビール、肉ジャガ、キノコのマリネを食べました。これで、豆・豆製品、嗜好品、肉類、イモ類、緑黄色野菜(肉ジャガに入っているニンジン)、キノコ類の6品目を達成しました。

「1日14品目法」のポイントはバランスを意識すること

「1日14品目法」を実践していくうえで、注意点がいくつかあります。まずは**油類のとり方**です。油類には、ドレッシングやマヨネーズ、揚げ物、バター、オリーブオイルなどがあります。

たとえば昼食に揚げ物などを食べたら、夕食ではサラダにドレッシングやマヨネーズは使えなくなります。油類は、あまり自覚しないままとりがちです。調味油は1gあたり9kcalと、高カロリー。昼食にサラダ油で野菜炒めを作ったら、夕食は油を使わない蒸し料理をするなどの工夫が必要です。

クッキーやケーキにはバターがふんだんに使われているものもありますし、外食にもバターや調味油が多く使われています。口にする前に、どのように調理されているかを想像してみましょう。

次に**嗜好品**です。嗜好品には、アルコールやお菓子類などが相当します。お酒を1日2回以上飲んだり、お菓子類を毎食後食べたりすると、カロリーオーバーになります。とはいえ、1日に少量であれば、ストレス軽減の観点からも摂取するのはかまいません。コーヒーや紅茶などは、一般的には嗜好品といわれていますが、ノンシュガー、ノンミルクなら、ほとんどカロリーがないので、カウントしなくてもかまいません。

1日14品目の食材例

穀類	白米、玄米、パン、餅、パスタ、うどん、そば、中華麺、そうめん　など
肉類	牛肉、鶏肉、豚肉、ソーセージ、ハム　など
魚介類	魚、イカ、タコ、エビ、カキ、シジミ、クラゲ　など
豆・豆製品	インゲン、大豆、きなこ、エンドウ、豆腐、納豆、豆乳、厚揚げ　など
卵	生卵、卵焼き、ピータン、卵豆腐、卵白　など
牛乳・乳製品	牛乳、チーズ、ヨーグルト　など
緑黄色野菜	トマト、パプリカ、ピーマン、ニンジン、ブロッコリー　など
淡色野菜	白菜、レタス、タマネギ、カブ、大根　など
キノコ類	シメジ、マイタケ、ナメコ、シイタケ　など
イモ類	ジャガイモ、サツマイモ、コンニャク、山芋　など
海藻類	わかめ、のり、ひじき　など
果物	オレンジ、バナナ、キウイ、グレープフルーツ、リンゴ　など
油類	ドレッシング、揚げ物、オリーブオイル、バター　など
嗜好品	アルコール、チョコレート、ケーキ、クッキー　など

たとえば、ざるそばについている刻みのりと薬味のネギなど、少量の食品を海藻類、淡色野菜としてそれぞれカウントするかどうかというのは、ケースバイケースで考えます。口にしたのが少量であれば、栄養上の影響は限定的です。あえてカウントしない、ときには薬味程度でもカウントしてしまってOKです。もちろん栄養素としての量は足りないでしょうが、毎日薬味だけを野菜として補給しているわけではないはずです。野菜が少なかったら、翌日、意識して食べるようにして、バランスをとればよいのです。

1日14品目法は、決して厳密さを求めるものではありません。目的は、あくまでも偏った食生活をバランスのよいものにして、食べすぎを抑えることにあります。

さらに簡単にコントロールできる
ポイント式❶ 穀類3

ステップ1でカロリーを抑える「1日14品目法」は、トレーナーとして自信を持っておすすめする方法です。私自身、基本的に毎日14品目の食品を摂取するように心がけています。

しかし、私が指導した人の中には、14品目法に挫折してしまったという人もいます。14品目をとらなければいけないというのを、プレッシャーに感じてしまうようです。次善の策として、摂取カロリーを抑えるシンプルな4つのポイント式をご紹介します。

まずは、「**ポイント式❶ 摂取カロリーを抑えるための『穀類3』**」です。

穀類は、まったくとらないのも、とりすぎるのも問題です。摂取カロリーを抑えるための目安を示すのが、「穀類3点式」という考え方です。

茶碗1杯のご飯を「1点」と点数換算して、「**1日3点までにする**」というルールの食事法です。

「茶碗1杯のご飯」の量を、40~70g程度にします。男性と女性、子どもとお年寄りとでは必要摂取カロリーも異なりますから、1杯40~70g程度と幅を持たせています。

朝昼晩で1杯ずつ食べるのでも、1食で3杯食べるのでも、と

ポイント式❶ 穀類3

1点	白米	茶碗1杯(40～70g)
	玄米	茶碗1杯(40～70g)
	うどん、そば、寿司	1人前
1.5点	パスタ	1人前
	食パン	1枚
2点	丼もの	1人前
	ラーメン	1杯
	カレー	1杯

※茶碗1杯分のご飯を、1点をベースとして換算し、1日3点までを上限とします。

にかく上限は3点です。3点に達したら、もう4杯目は食べることができません。

できれば、朝昼晩でバランスよく食べたいところですが、3点以内というルールさえ守ればよしとします。白米だけでなく、玄米も茶碗1杯（40～70g）を1点と計算します。

計算がラクだから続けられる

穀類は、白米や玄米以外にもたくさんあります。うどんやそば、ラーメン、パスタ、パンなどを、私たちは日常的に食べています。これも点数に加算する必要があります。

基本的にすべての穀類は1杯、1人前で計算します。ざるそばは1枚1点、素うどんは1杯1点という具合です。穀類の内容と点数換算については、上の表を参照してください。

たとえば、朝食で白米をお茶碗1杯食べます（1点）。昼食にはざるそばを1枚食べます（1点）。夕食は、お寿司を1人前食べます（1点）。これで3点を食べたことになります。

パスタと食パンは1人前（1枚）につき、1・5点と計算しますから、少し注意して下さい。たとえば、朝食に食パンを1枚食

1点

1.5点

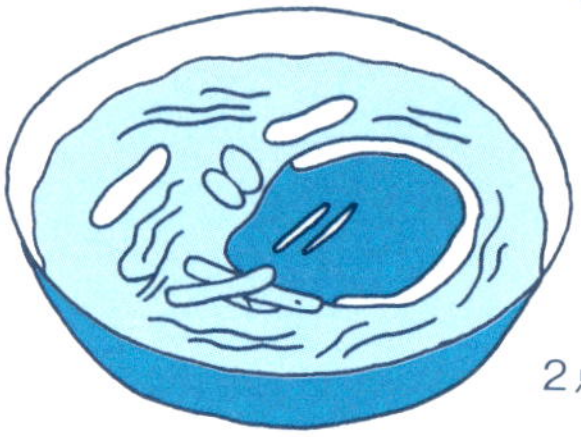
2点

べます（1・5点）。昼食にパスタを食べました（1・5点）。この時点で3点に達してしまいますから、夕食には穀類をとれなくなります。

もっと注意が必要なのが、丼ものなどカロリーが高いものです。**カツ丼や親子丼は、ご飯の量が多いので、1杯2点**として計算します。**ラーメンやカレーも、同じく2点**です。

たとえば、朝食に食パンを食べ（1・5点）、昼食にカツ丼を食べたら、その時点で3・5点になってしまうのでアウトです。とくに男性は、ざるそばとカツ丼などを一緒に食べてしまうことがあります。これだけですでに3点ですから、もう穀類は口にできなくなります。

なお、ランチ時に、そばと小どんぶりなどがセットになっているメニューもありますが、この小どんぶりは適宜1・5点などと計算してください。茶碗2分の1のご飯を0・5点として調整する方法もよいでしょう。

穀類3点式では、ラーメンやカツ丼などを食べてはいけないというわけではありません。どうしてもラーメンが食べたかったら、あとの2食で穀類を減らすというルールを守ればよいのです。

ポイント式❷
たんぱく質3

①牛・豚・鶏肉
牛肉、鶏肉、豚肉、
ソーセージ、ハム　など

②魚
魚、イカ、タコ、エビ、カキ、
シジミ、クラゲ　など

③卵2個・乳製品
生卵、卵焼き、ピータン、
卵豆腐、卵白　など
牛乳、チーズ、ヨーグルト
など

カロリーを抑え筋肉をつくる
ポイント式❷　たんぱく質3

2番目のステップは、たんぱく質の摂取法です。

①牛・豚・鶏肉
②魚
③卵2個・乳製品

この3つをきちんと食べることで、良質なたんぱく質をとれます。ルールは、①と②は1日1回のみ食べます。①は牛肉、豚肉、鶏肉のいずれか1種類を1回とカウントします。

たとえば、朝食にベーコンを食べたら昼食以降は肉類を食べられませんから、1日の中でどの肉をどのタイミングで食べるかを計画的に考える必要があります。そう考えると、朝食にハムエッグを食べたら、もったいないような気がします。①の豚肉と、③の卵を同時にクリアするので、昼食以降のメニューに制約が生まれるからです。魚を1日2回食べるのもNGです。③の「卵2個」は、1個ずつ2食に分けて食べることもできます。

乳製品は、厳格な量の制限は設けていません。たとえば、朝食時に牛乳を飲んで、夕食時にヨーグルトを食べるのもいいでしょう。ただし、「牛乳1ℓ」のように過剰にとるのは問題があります。常識的な範囲の中でとるようにしてください。

ポイント式❸
ミネラル・食物繊維3

①キノコ類
シメジ、マイタケ、ナメコ、シイタケ　など

②海藻類
わかめ、のり、ひじき　など

③イモ類
ジャガイモ、サツマイモ、コンニャク、山芋　など

満腹感がアップする

ポイント式❸

ミネラル・食物繊維3

ポイント式❶で炭水化物の摂取量を抑え、❷でたんぱく質を制限しましたから、これではおなかが空くという人もいるでしょう。そこで、とり方を考えたいのが、次の3つの食品です。

①キノコ類
②海藻類
③イモ類

このうち、**①キノコ類と②海藻類は、摂取量に制限はありません。**これらの食品にはミネラルと食物繊維が豊富に含まれていて、カロリーも抑えられますから一石二鳥です。ただし、キノコ類は、調理の仕方によってはカロリーを多くとってしまう可能性があります。キノコのバターソテーを食べたら、次はキノコのスープを作るなどの工夫をしてみましょう。

③イモ類は、ジャガイモ1個やサツマイモ1本を食べるだけでも満腹感があると思います。穀類やたんぱく質の摂取を抑えつつ、**イモ類を1日1回**食べると、空腹感は満たされるでしょう。イモ類には、脂肪分がほとんど含まれていないのが魅力です。とくにジャガイモなどは、加熱しても壊れないビタミンCが含まれているなどのメリットがあります。

効率よくビタミンをとる

ポイント式④ 野菜2

野菜は健康にいいからという理由で、たくさん食べている人がいます。なかには、肉や魚などはほとんど口にせずに、菜食主義で通す人もいます。

たしかに、野菜を食べてビタミン、ミネラル、食物繊維を摂取することは重要です。しかし、どんな食品であっても、それだけ食べ続けていると栄養のバランスが崩れて、かえって太りやすくなったり、健康を害してしまったりすることがあります。

野菜にはたんぱく質がほとんど含まれないので、せっかく**運動をしても筋肉量を増やせません**。健康なからだをつくるためには、たんぱく質、脂質、糖質の三大栄養素をバランスよくとる必要があります。また、ビタミン、ミネラルの補給という点からいえば、野菜以外にも海藻類や果物から十分にとることができます。

つまり、野菜「が」重要な食品ということではなく、野菜「も」重要な食品ということです。

野菜をとる際、ここでは次の2つのルールに従います。

① **淡色野菜よりも緑黄色野菜をとるようにする**
② **色の濃い野菜をとるようにする**

野菜を淡色野菜と緑黄色野菜の2種類に分けます。淡色野菜は

ポイント式❹

野菜２点

① 淡色野菜

白菜、レタス、タマネギ、カブ、大根　など

② 緑黄色野菜

トマト、パプリカ、ピーマン、ニンジン、ブロッコリー　など

レタス、キュウリ、白菜、大根、キャベツなどの色の薄い野菜。緑黄色野菜はトマト、ピーマン、ブロッコリー、ホウレンソウなどの色の濃い野菜です。

野菜は、淡色野菜より緑黄色野菜のほうが比較的ビタミンの栄養価が高いので、**緑黄色野菜を優先的に食べます**。なお、野菜そのものにもカロリーがありますし、サラダを食べる際ドレッシングをかけたり、調理するときに調理油などを使ったりもするので、やはり食べすぎるとカロリーオーバーになります。

野菜ジュースではビタミンC不足に

野菜に含まれるビタミンCは、色の濃い野菜のほうが多いことがわかっています。

たとえば、赤ピーマンや黄ピーマンなどはビタミンCの宝庫といえます。赤ピーマンは１００ｇあたり１７０㎎、ブロッコリーは１２０㎎含んでいます。キャベツを食べるときも、ふつうのキャベツよりもレッドキャベツのほうがより多くのビタミンCを摂取できます。

ビタミンCは過剰に摂取しても体内に蓄積されないので、比較

的問題がないとされています。しかし、過去の研究報告から「筋肉量の低下、吐き気、下痢、腹痛」が起きたとする例もあります。成人の場合、1日あたり100㎎を目安にとるとよいでしょう。

ところで、野菜の摂取については「野菜ジュースではダメですか？」とよく聞かれます。

スーパーやコンビニで売っているパックの野菜ジュースは、ほとんど栄養価はないと考えるべきです。そもそも、野菜は加工してから時間が経つと、ビタミンが失われてしまいます。パックに入った商品は、流通の段階で時間経過や熱の影響を受けてビタミンCが破壊されているおそれがあります。毎日飲んでいるからといって、決して健康的とはいえないのです。

スーパーなどで加工食材として販売されているパックのサラダなども、同様です。

加工してから何時間も経ってから口に入れることになりますから、栄養価は低いとみるのが妥当です。

野菜をとるときには、できるだけ加工しないで食べるのがポイント。野菜ジュースなら、自宅でカットしたばかりのものをミキサーにかけて、すぐに飲むのがベストです。

体幹を鍛えるにはプロテインが必要!?

筋力トレーニングをするにあたって、サプリメントとしてプロテイン（たんぱく質）をとったほうがいいのでしょうか。

結論からいうと、とくにプロテインをとる必要はありません。プロテインはたんぱく質の英訳であり、人の筋肉や内臓、髪の毛、爪、皮膚、血液や骨などをつくる材料です。

私たちが筋トレをすると、筋肉が損傷します。損傷した筋肉を修復するためにたんぱく質が使われ、筋肉量は増えていきます。これが、トレーニングをして筋肉量を増やすしくみです。

損傷した筋肉を修復するためのたんぱく質が足りない場合は、サプリメントとして摂取する必要があるかもしれません。しかし、私たちは普段の食生活の中でたんぱく質をとっています。**食事の中で、必要なたんぱく質を確保できているのであれば、あえてプロテインをとらなくてもよい**と結論づけられます。

和食中心の日本人の一般的な食事では、1食あたり約20gのたんぱく質を摂取できると考えられます。1日3食とすれば約60gです。軽い筋肉痛が出る程度の運動の範囲内であれば、これだけの量で十分です（個人差があります）。むしろ**たんぱく質のとりすぎは、カロリーオーバーにつながります。**体脂肪を増やしかね

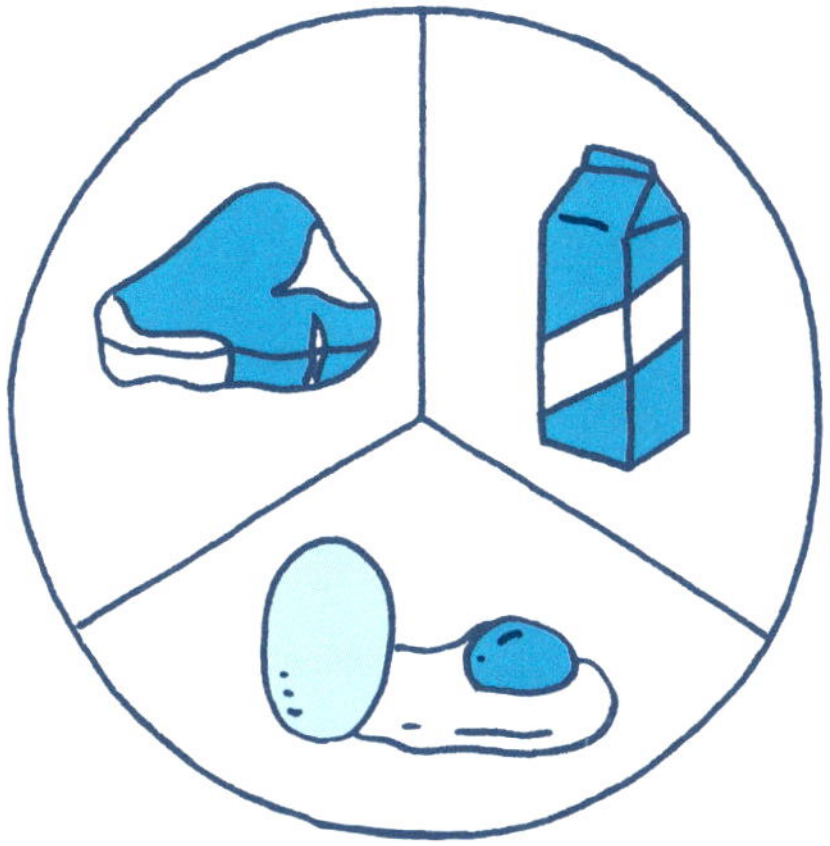

たんぱく質は
1日3食の中
でとれる

ないので注意してください。

体幹トレーニングに限っていうと、脚や胸などの筋肉と比較して、インナーマッスルは筋肉量自体が多いわけではありません。プロテインに頼らなくても、食事でたんぱく質は十分にまかなえるはずです。プロテインを摂取したからといって、体幹に画期的に筋肉がつくという効果は期待できません。まずは3食の中で、バランスのよい食生活を心がけましょう。

体内でつくれない アミノ酸スコア100の食品をとる

食事をするときは、できるだけ良質なたんぱく質をとるようにしましょう。良質なたんぱく質というのは、アミノ酸スコア100の食品であるということです。アミノ酸スコア100とは、すべてのアミノ酸が最低限以上含まれていて体内への吸収率も高い食品を指します。

たんぱく質は約20種類のアミノ酸から構成されます。このうち9種類は体内でつくることができないので、食品から摂取する必要があります。これを**必須アミノ酸**といいます。必須アミノ酸には、イソロイシン、ロイシン、バリン、リジン、トリプトファン、スレオニン、メチオニン、フェニルアラニン、ヒスチジンがあります。なかでもロイシンは、骨格筋のたんぱく質の合成に有力だとされています。ロイシンを摂取すれば、筋肉をつくることにつながるということです。

ある食品を摂取するとき、ほかのアミノ酸は100含まれていても、あるアミノ酸だけ40しか含まれていないと、人体は40しかアミノ酸を吸収できないという問題があります。だからこそ、アミノ酸スコア100の食品が重要になるわけです。アミノ酸スコア100の食品には、**鶏胸肉、鶏ササミ、豚ロース、卵、まぐろの赤身、ツナ**などがあります。卵は、ビタミンC以外のほぼすべての栄養素が含まれている完全食品ですから、毎日食べるとよいでしょう。卵黄はコレステロール値が高いので、1日2個以上食べるのはよくないという説もありますが、あまり気にしなくていいでしょう。卵には、コレステロールの上昇を抑えるレシチンという物質が含まれているためです。また、**牛乳**はアミノ酸スコア100でありながら、カルシウムとビタミンを含んでいます。1日1~2杯を目安に飲むとよいでしょう。

肉をやめて腹凹!?

アミノ酸スコア100の食品を見れば、良質なたんぱく質をとるうえで肉類が欠かせないのは一目瞭然です。

ダイエットというと、肉食を敬遠する傾向がありますが、**肉類を食べないとたんぱく質不足になり、筋肉量も増やすことができず、基礎代謝量も落ちて、ますます太りやすくなります。**

骨格筋のたんぱく質を合成するアミノ酸の吸収能力は、年齢とともに低下することがわかっています。若い人は7～10g以下のたんぱく質で筋肉の合成を刺激するのですが、高齢者は、ほとんど筋肉の合成を刺激することができません。25～30gの良質なたんぱく質をとることで、やっと若者と同程度の筋肉を合成できるとされているのです。つまり、**高齢になるほど、同じ量のたんぱく質をとっても筋肉がつくりにくくなっていきます。**

とくに最近は、サルコペニアという老化現象への関心が高まっています。サルコペニアとは筋肉（サルコ）が減少（ペニア）することです。筋肉量が低下すると、日常的にも頻繁につまずいたり、立ち上がれないなど、転倒や骨折などの危険性も高まります。糖尿病や脳卒中、心疾患などのリスクも出てきます。

健康なからだを維持するには、肉も食べる必要があるのです。

糖質カットで腹凹!?

摂取カロリーを減らしながら、消費カロリーを増やすには、当然ご飯やパンの食べすぎに注意する必要があります。しかし、人間がご飯やパンを主食としていたのには、れっきとした理由があります。

とくに白米は高たんぱくで、脳のエネルギーとなる糖質の宝庫です。**極端な糖質カットを行うと、集中力が維持できなくなるほどの低血糖を起こしたり、筋肉量を減らしたりすることにもつながるのです。**

糖質が不足している人は、たとえ体重の減量に成功していたとしても、引き締まらず、げっそりとしています。顔に活力がなく、脳に栄養素が行き届いていないのでボーッとしていて、お世辞にも健康的とはいえなくなってしまいます。

人は食事から糖質をとり、それをエネルギーに変換して脳やからだを動かしています。

しかし、食事からとった糖質は、数時間で消費してしまいます。そこで肝臓に貯蔵してあった糖を引っ張り出してきてエネルギーとして使います。

それも足りなくなってくると、今度はからだの筋肉（たんぱく

質）を分解して糖をつくります。つまり、たんぱく質も糖に変換してエネルギーを生み出します。ですから、**糖質を大幅にカットしてしまうと、たんぱく質の宝庫である筋肉が減少していってしまうのです。**

そのまま筋肉量が減っていくと、筋力トレーニングをしても筋肉量は増えません。せっかく運動をしても、やせにくく、筋肉もつきにくい体質へと変化してしまうわけです。

筋肉をつけながらぽっこりおなかを解消するためには、**糖質コントロール**という発想が必要となります。1日の総摂取カロリーを抑えながら、適度な糖質と筋肉をつくるために必要なたんぱく質を補給するのです。

白米はアミノ酸スコア100の食品ではないので、白米の量をコントロールして、マグロの赤身や鶏のササミ、牛肉や豚肉をとるといいでしょう。白米の代わりに、玄米を選ぶのもよいですね。赤身の肉などと一緒に食べると、筋肉に効率よく吸収される効果があります。

水を たっぷり飲んで 腹凹!?

水には基本的にカロリーはないので、太ることはありません。そこから転じてなのでしょうか、「水を飲むとやせる」という説を耳にします。

しかし、**水を飲むだけで脂肪が燃焼するといった直接的なダイエット効果はありません。**

水をたくさん飲むことで、満腹感がもたらされ、それによって摂取カロリーが減って、間接的にダイエットにつながるとはいえそうです。

ただし、水ばかりを口にして栄養バランスが偏ると、やせにくいからだになるおそれもありますし、筋力トレーニングをしても筋肉はつかなくなります。

また、あまりに過剰に水を飲みすぎると、中毒症状を起こすこともあるので注意が必要です。

1日に摂取する水分の目安はおよそ2ℓ。一気に飲んでも吸収されにくいので、こまめに飲むようにしましょう。おすすめしたいのは、よくいわれていることではありますが、朝起きてすぐにコップ1杯の水を飲むこと。寝ている間、軽度の脱水状態になっているので、血中の水分量が減って血液の濃度が高くなります。

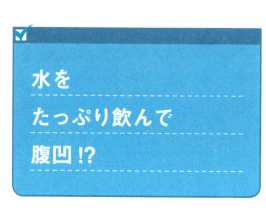

水を飲むことでこれを補正し、1日の活動のスイッチが入ります。**水分の摂取を怠ると、体内から水分が排出されにくくなり、むくみやすくなります。**また、血中の水分量が減って血液の濃度が高くなります。この状態で運動をすると、血栓ができやすくなるので注意してください。

温かい水より、やや冷たい水のほうが吸収されやすいので、6～13℃くらいが適温です。

常温の水や白湯のほうがからだにはよいといわれますが、胃に入れば一瞬にして体温と同じになるのですから、神経質にならなくてもいいでしょう。

現在では、さまざまな種類のミネラルウォーターが市販されています。どれを選べばよいのか迷ってしまいそうですが、高価な水だからといって、必ずしも健康的というものではないので、自分がおいしいと思ったものがよいでしょう。

お茶やコーヒーにはカフェインが含まれているので、利尿作用があります。十分な水分補給とはいえません。

骨《こつ》粗《そ》しょう症《しょう》と腰痛の関係

年をとると、骨の主成分であるカルシウムなどのミネラル分が失われ、骨折を起こしやすくなります。この状態が「骨粗しょう症」です。腰痛の一つの原因として、骨粗しょう症による腰椎の圧迫骨折という可能性があります。

骨粗しょう症を予防するには、カルシウムの摂取が大切です。とくに、カルシウム不足に陥りやすいのが女性です。40歳を過ぎた女性は骨量が減り始め、更年期になると女性ホルモン、エストロゲンの分泌が減少するため、骨量がさらに低下してしまうおそれがあります。

カルシウム不足の人におすすめの食品は、牛乳です。牛乳にはカルシウムが豊富に含まれており、ビタミンも摂取できる優れものです。

コップ1杯の牛乳で約200㎎のカルシウムを摂取することができます。1日に必要なカルシウムの量は800㎎とされていますから、1日2杯程度飲んでも飲みすぎということはありません。

そのほか、干しエビを大さじ1杯（約570㎎のカルシウム量）をミキサーで砕いておいて、味噌汁に入れたり、おにぎりの具材にしたりするのもおすすめです。

牛乳を飲むとおなかがゴロゴロしてしまうという人は、ヨーグルトで代用する方法があります。いずれも、カルシウムを骨に合成するときに必要なビタミンDも摂取できます。

カルシウムという栄養素はとり溜めすることができません。「今日はたくさん牛乳を飲んだから、しばらく飲まなくてもOK」ということではないので、注意してください。

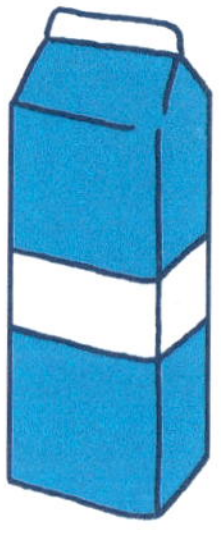

EPILOGUE

インナーユニットでバランスをとることで、からだは強くなる

「体幹」

この二文字を見ると、文字どおり「体の幹（からだのみき）」ということで、二本脚で立っている私たちは、「この幹が強ければ体がしっかりと安定する、だから体幹をトレーニングすることはとても重要だ！」というイメージが容易に浮かんできます。とくにスポーツをしている方や腰痛などを感じている方は、なおさらでしょう。

体幹が強くなれば、たしかにからだは安定します。しかし、そう一概には言えないことを、本書をお読みになった皆さんにはご理解いただけたと思います。

たとえば、木の幹のまわりをコンクリートで塗り固めれば、幹自体は一見強固なものになります。でもそんなことをしたら、木自体の成長は阻害されてしまいますし、実際のところ台風などに対する耐久性はあまり変わらないでしょう。

トレーニングにおいて、アウターマッスルだけを必死に鍛えて体幹を強くしようとする行為は、まさにこれと同じことです。

"倒れない"ためのインナーマッスルづくり

では、実際に木の幹を安定させるためにはどうすればよいのでしょうか?

最強のオーダーはこうです。

①木の幹の中に鉄の棒を芯のように通してあげる。

②細くてもいいので、伸縮性のある針金をバネのように幹にグルグル巻きにする。

③両サイド、前後からロープで均等に引っ張り固定する。

そうすれば台風などであらゆる方向から強風が吹きつけても、倒木という最悪の事態は免れることができるでしょう。

これらを人間の体幹に当てはめると、インナーマッスル(スタビリティーマッスル)を鍛えることであると、本書で説明してきました。

私が本書を通して最も伝えたかったこと。それは、多くの方が見よう見まねでやっている体幹トレーニングは、実際には外側のアウターマッスル〈太ももの前、臀部、胸、肩、腹〈腹直筋〉など〉をメインに使ってしまっていて、実はアウターマッスルのトレーニングになってしまっているかもしれない、という懸念をまずは抱いてもらいたいということです。

自分ではインナーユニットのトレーニングをしているつもりでも、実はまったく違うものになってしまっているという場合が、残念ながら非常に多いのです。

その理由は、体幹を鍛えるトレーニングメニューは、基本的に体が不安定になる動作のものが多く、その際、からだがグラグラするのを、本来はからだの深層の筋肉を使って支えなければなりません。ところが、深層の筋肉というのはなかなか意識して使うことが難しいため、無意識のうちに表層のアウターマッスルだけでバランスを保とうとしてしまうというところにあります。

とくに学生時代に部活などで、腹筋運動で腹直筋ばかり鍛えていたというような方々にとって、インナーマッスルを意識するのはとても難しいことです。

より快適なからだをめざして

下半身、上半身、体幹。体幹が一番大切ではないということではなく、3つすべてが大切なのです。しかし、3つすべてに同時にとりかかろうとしたら、やらなくてはならないトレーニング種目は膨大になってしまいます。

はじめからそうでは、やる気も出ないですし、継続することも難しいものです。あまり頑張りすぎずに、マイペースでかまわないのです。

人生100年時代、より快適なからだをめざして、日常生活の中で無理のないからだづくりをしていってください。

ここ数年、日本において、私たちのようなトレーニングメニューを考える専門家「パーソナルトレーナー」が急速に増えてきました。アスリートだけでなく、一般の方々からも広く必要とされる存在になってきたのだと思います。それはひとえに皆さんの健康や運動に対する意識が高まってきたからにほかなりません。
ここで書いたことは、決して私だけが知っている特別なことではありません。どのパーソナルトレーナーでも知っている、とてもベーシックなことです。

残念ながら、文字や図だけでトレーニング方法を伝えるのには限界があります。本書をきっかけに、自分の専任トレーナーを探すというのも一つの選択肢になるかもしれません。

もしかしたら人生のパートナーとなり得るようなパーソナルトレーナーと出会える

かもしれません。お気に入りのヘアサロンやスタイリストさんを見つけるような感覚で気軽に探してみてはいかがでしょうか。

2019年7月
中野ジェームズ修一

図解《ずかい》でわかる
体幹《たいかん》を鍛《きた》えると
「おなかが出《で》ない」
「腰痛《ようつう》にならない」

2019年8月5日　第1刷発行

著　者
中野《なかの》ジェームズ修一《しゅういち》

発行者
佐藤 靖

発行所
大和《だいわ》書房
東京都文京区関口1-33-4
〒112-0014
電話　03(3203)4511

印　刷
歩プロセス

製　本
ナショナル製本

ISBN 978-4-479-78478-4

http://www.daiwashobo.co.jp

・デザイン
庄子佳奈
・イラスト
加納徳博
・編集協力
渡辺稔大
古谷有騎
(スポーツモチベーション)

中野《なかの》ジェームズ修一《しゅういち》

(株)スポーツモチベーション最高技術責任者。PTI認定プロフェッショナルフィジカルトレーナー。米国スポーツ医学会認定運動生理学士（ACSM/EP-C)。フィジカルを強化することで競技力向上や怪我予防、ロコモ・生活習慣病対策などを実現する「フィジカルトレーナー」の第一人者。卓球の福原愛選手やバドミントンのフジカキペアなど、多くのアスリートから絶大な支持を得る。2014年からは青山学院大学駅伝チームのフィジカル強化指導も担当。早くからモチベーションの大切さに着目し、日本では数少ないメンタルとフィジカルの両面を指導できるトレーナーとしても活躍。東京・神楽坂の会員制パーソナルトレーニング施設「CLUB 100」の技術責任者を務める。
主な著書に『下半身に筋肉をつけると「太らない」「疲れない」』『上半身に筋肉をつけると「肩がこらない」「ねこ背にならない」』『体幹を鍛えると「おなかが出ない」「腰痛にならない」』(大和書房)、『きょうのストレッチ』(ポプラ社)『世界一伸びるストレッチ』(サンマーク出版)、『青学駅伝チームのスーパーストレッチ&バランスボールトレーニング』(徳間書店)、『医師に「運動しなさい」と言われたら最初に読む本』（日経 BP）他多数。

スポーツモチベーション
http://www.sport-motivation.com